奥山熊雄の

八丈島古謡

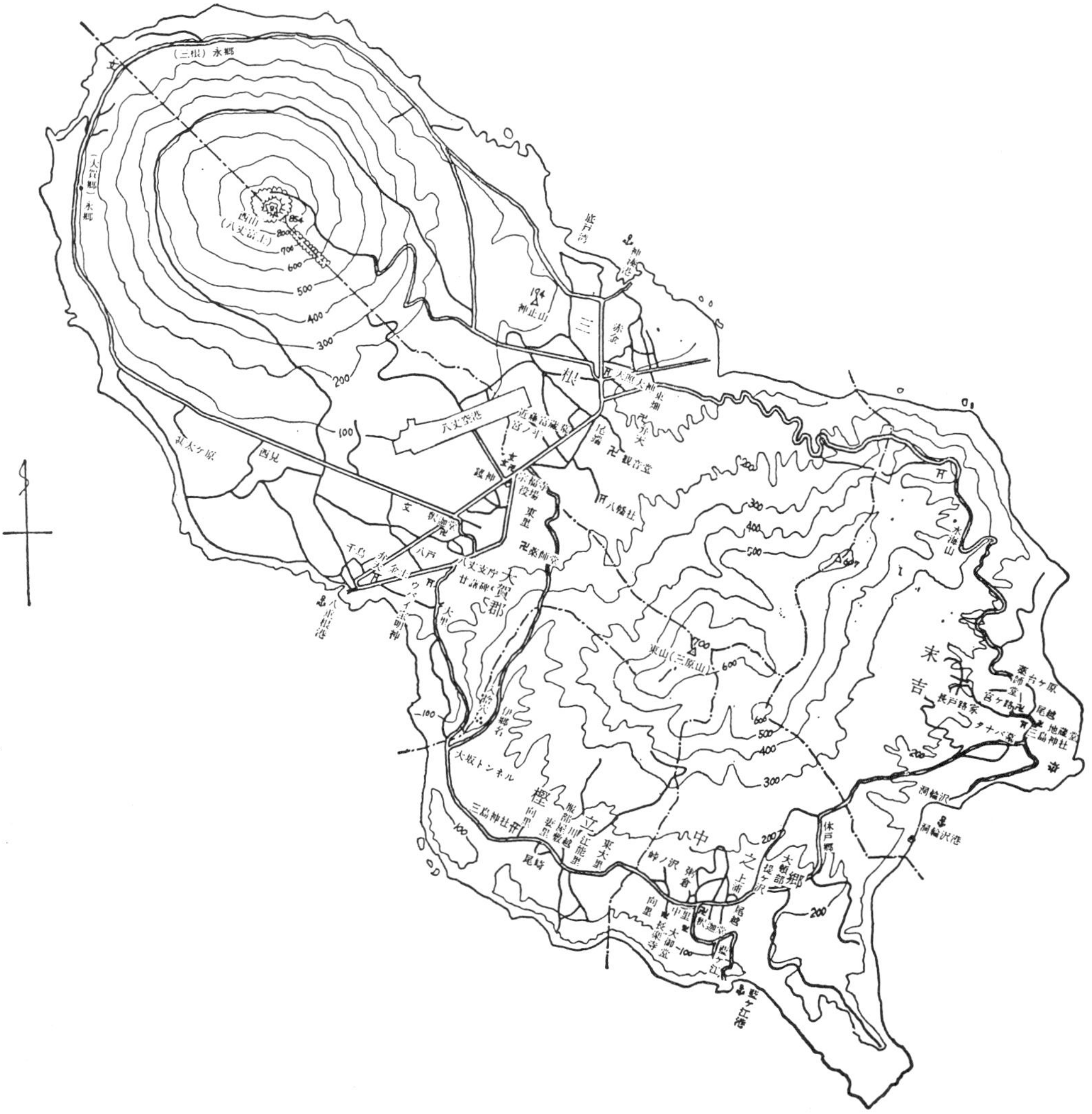

蒲生・坪井・村武『伊豆諸島』（1975）より

2004年 6 月19日大賀郷ふるさと村にて

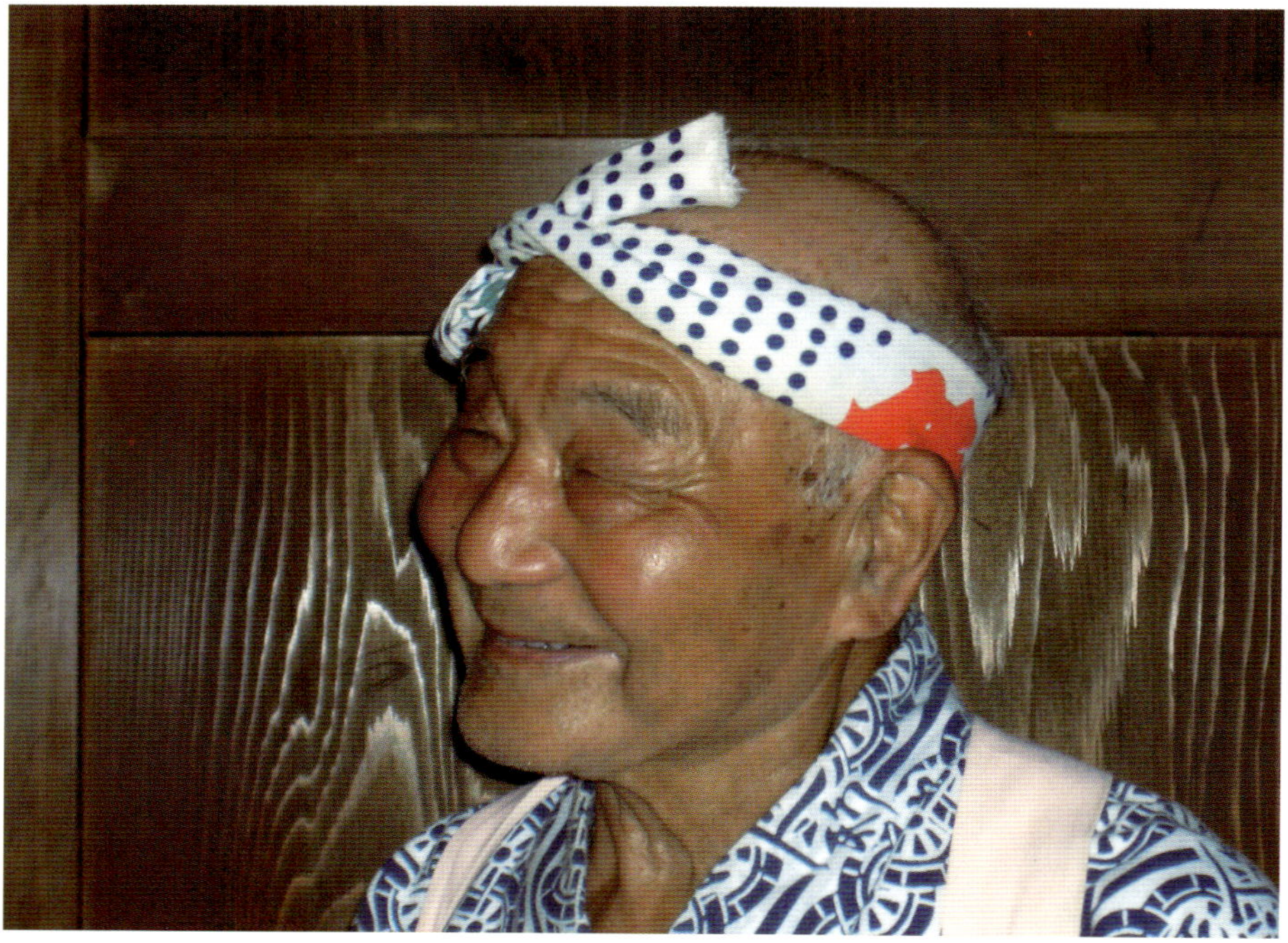

もくじ

凡例

一　歌詞の表記は、原則として発音のままとした。したがって、「これは」は「これわ」、「それを」は「それお」のように、「じ・ぢ」は「じ」、「ず・づ」は「ず」のように表記する。また、「うぇ」、「を」はそれぞれ[we]、[wo]の音を、「エ」は[je](イエ)の音をあらわす。ただし、単語と表記とはかならずしも一致しない。「わがナ」「わりゃナ」などのナは字数をそろえるためのもので、とくに意味はない。

二　[　]のなかの歌詞は歌っても歌わなくてもいい。○＞△、または、▽＜○は、○から△に変化したことをしめす。歌詞の傍線部分は、それにつづくカッコのなかの歌詞でも歌われることをしめす。

三　一部の歌詞については、その歌詞が作られたと思われる時代をそえた。

四　歌詞の番号は『奥山熊雄の 八丈島のうたと太鼓』(一九九九)のものである。改定に際して、番号をかえずに一部を移動した。

五　内容的に関連がある歌詞については、参考までにその歌詞の番号をそえたが、連続しているばあいには省略したものもある。

六　本書での歌詞の分類は暫定的なものであって、おもにその節で歌われる、というていどのものである。したがって、七七七五という字数であれば、しょめ節だけでなく春山節や木遣りなどの節でも歌うことができる。また、しょめ節については、おもに祝いの席などで歌われる「祝い歌」と、おおらかに性を歌った「しゃっぺん節」とをわけてあるが、これらの境目もはっきりしたものではない。

八　本書にとりあげた歌詞の一部に、いわゆる差別用語をふくむものがあるが、あえて原歌のままとした。

奥山熊雄さんとのこと

奥山熊雄。一九一六（大正五）年九月二七日、父、奥山文之助（ぶんのすけ）、母、コトムの第五子、五男六女の二男として八丈島三根村（現八丈町三根）に生まれる。父母はともに八丈坂下地区三根の生まれ。妻フサエは坂上地区樫立の出身。

十三歳から十五歳まで煎餅屋の奉公で東京に、二十一歳から二十九歳まで徴兵で東京および小笠原にいた以外は三根に在住。

伝統芸能八丈太鼓の伝承者で、平成十五年度東京都文化功労者。

はじめにこれまでの聞き取りをもとに、筆者が知り合う以前の奥山熊雄（敬称を略す）の幼少時代のようすから記そう。

奥山熊雄は八丈太鼓の名手として、また、八丈島の生き字引としても知られる。そんな現在の奥山熊雄があるのは、幼少時代に当時の老人たちから歌や太鼓を習い、民話や生活の知恵などを聞き覚え、それらを現在まで明瞭に記憶していることによる。

熊雄の曽祖父は二代目三之助。明治になって奥山熊次郎と名乗った。二代目三之助の父は初代三之助、その妻は名をオツウと言ったが、この家が江戸に年貢を運ぶ船を持っていたのでオカヨイ（船が通うようにの意）とも呼ばれていた。熊雄の家にはいまも、当時使用された貴重な羅針盤が残されている。

二代目三之助が亡くなり、妻である曽祖母オキノ（大正九年に八十四歳で没）が八十歳に届いたころのことである。オキノはひ孫の熊雄をとてもかわいがり、毎日ほんの少し炊く貴重なご飯を、自分では食べずに熊雄に食べさせた。当時二、三歳の熊雄はそれが楽しみで、隠居家に暮らすオキノのところに遊びに行った。オキノと同世代で近所に住むオチカバンマ（バンマはおばあさんの意）やオキバンマたちも熊雄と遊びたいのだが、そうするとオキノがやきもちを焼くというので遠慮していた。しかし、日の暮れるころになると内緒で熊雄を呼んでは歌を歌ったりして遊んだという。熊雄もバンマたちのもとへ遊びにいくのがとても楽しみだった。

そのような環境のなかで熊雄は、オチカバンマ、オキバンマ、それにオカネバンマたちから、むかしのいろんな話や民謡をくりかえし聞いて育った。とくに民話についてはオトミホーチャ（ホーチャは母の意だが、実の母以外に対しても使用される）から、また太鼓はオホヨおばさんほかの人たちから習った。

曽祖母オキノの一人娘ハルヨは、婿の高次郎（たかじろう）とのあいだに長男の文之助を生んで数年後、堕胎に失敗して亡くなった。高次郎は後妻にオキタをむかえ、二人のあいだに富次郎が生まれたが、みなオキノの血筋とはつながっていなかったので、家を継がずにこの家の手伝いなどをしていたようである。

幼い文之助の母親代わりになって世話をしてくれたのが、当時家がなく布団だけをもってオキノの家に泊まり、この家の仕事の手伝いなどをしていたオカネバンマである。そのような関係で、その後、オカネバンマからも熊雄はいろいろな話を聞いたようである。

文之助の家はいわゆる黄八丈の染物屋を営んでおり、島からの年貢にはこの黄八丈があてられていた。黄八丈は織りよりも染めが重要で、熊雄はその仕事がとても好きだったのだが、のちに文之助は政治に興味を持つようになって村長などをやったため、家業の染物屋をやめてしまった。熊雄はそれをひどく残念に思ったという。

太鼓や歌が得意な熊雄は十代のころから、頼まれてはトメノおばさんたちと人前で太鼓をたたくようになった。ホテルで団体客に披露しはじめるのは、昭和二〇年代末か三〇年ごろからである。八丈太鼓は戦後の観光ブームにのって注目されるようになり、熊雄たちはのちの大阪万博にも出場している。

はじめに建った大型ホテルは末吉の南国ホテルで、樫立温泉ホテル、ロイヤルホテルなどがそれに続いた。

当時、ホテルなどで太鼓をたたいていたのはトメノおばさん、オカエおばさん、それにかなり若手の熊雄ぐらいで、歌はオノソおばさん、ヤオルおばさん、オハツおばさんなどが歌っていた。ホテルの出番が増え人手が足りなくなると、次第にたたく人も増えた。しかし、後発の太鼓は全国的に見られる、足を大きく開いて力強くたたく太鼓が中心で、だいぶ以前にトメノおばさんが亡くなり、十数年まえにオカエおばさんも亡くなった結果、着物を着てひざを離さずに女性的なたたき方をする伝統的な八丈太鼓の伝承者は、現在では熊雄のみとなってしまった。

このようにして熊雄は幼いころから、日常の生活のなかで当時の老人たちの太鼓や歌に接する暮らしをし、民話などを聞いてきた。かれの言語感覚や記憶力は高齢者のなかでも群をぬいており、当時の——いま生きていれば百六十歳代にもなる一八四〇年前後以降に生まれた——老人たちのことばづかいをも鮮明に記憶している。もはや過去の文献などでしか確認できないとみられた語形などについても、そういう言い方はだれそればあさんのころまでの人がつかっていた、といったコメントとともに、老人たちのことばとして生き生きとよみがえってくるのである。

筆者が熊雄さんと知り合ってからのことにはいろう。八丈島をはじめておとずれたのは八〇年代の初めごろ。八丈方言に関心があって二年ほどのあいだに数回足を運んだが、まだ様子見ていどで本気でやろうというところまではいかなかった。その後、八九年になってやっと本気で勉強しようと思うようになり、ふたたび行きはじめることに。熊雄さんにはじめてお会いしたのはこの年の八月下旬、まじめに行くようになって三度目のことだった。

それまでの二回は、宿泊先の民宿「ときわ荘」の紹介などで、おなじ三根地区の何人かのお年寄りに話を聞いたりしていた。はじめのうちは、退屈しのぎが来た、といった様子で、聞かれたことにも楽しげに答えてくれたが、二時間もそれが続くとだんだんあきてくる。筆者のほうはといえば、知らないことだらけだからどんなことを聞いても、つい「もう少し」と聞きたくなる。なにしろ、語彙も理解不能なら語形もよくわからない、単語の切れ目もどこがどこやら、そんな状態だったので、すべてが知りたい情報なのである。

なんの心構えも覚悟もない七十〜八十代のお年寄りには、終りのみえない質問ぜめはかなり苦痛だったかもしれない。それがさらに、またあしたもおじゃましていいですか、となってしまうわけだが、関が原で敗れた豊臣の五大老の一人、宇喜多秀家が流人の始まりとされるこの島では、知識人が流人たちの中心を占めていたこともあって、島の人はよそ者に対して寛大である。とりあえずは、断わられずに翌日もおじゃまするることになるが、やはりもう長続きはしないもので、だんだんことば少なになっていき、もう、あしたまた、などとは言えなくなってしまう。

そんなことを何度か繰り返し、「調査」の難しさを肌で感じながら、この先どうしよう、と思っていたやさき、ちょっと気難しいけどいろいろ知っている人だ、といって民宿の若旦那が紹介してくれたのが熊雄さんだったのである。民宿からは歩いて数分のところだが、お宅へおじゃまするのも悪いだろうということで、かつて島の中学の先生をしていて文化財関係にも関心をお持ちの、近所のY氏のお宅で話を聞かせていただくことになった。

読み書きはまるでダメといいながら、抜群の記憶力には驚いた。物心ついたころからの、見たこと聞いたこと、ありとあらゆることを記憶している。もっとも、そのことが身にしみて分かるのはあとのことになるが、初対面で語ってもらったのが、子どものころにくりかえし聞いたという継子いじめの民話「欠け皿」。いわば日本版シンデレラである。

宿に戻ってすぐ、意味不明の音を何度も何度も繰り返し聞きながら、できるだけ忠実に聞こえたとおりにカナで書く。その日のうちに電話した。すると、電話ではうまく話せないからそっちに行く、ということで宿に来てもらうことになった。

熊雄さんはそのとき、筆者が文字化して読んだ「欠け皿」を聞いてたいへん驚いたそうである。ひとつは自分がこんなにもじょうずに語ったことに、そして、それ以上にそれがじょうずに文字にしてあったことに。このときの驚きがきっかけとなり、熊雄さんとの深い付き合いが始まったのである。

当時、筆者は三十代半ば、熊雄さんは七十代半ばで、こちらのかなり無理な要求にもできるかぎり応えてくれた。島の文化を残そうとしている人の役に立ちたいという思いの表れであったと思う。教わりはじめて一、二年後の、だんだん方言がわかってきていちばん聞きたい盛りのころは、民宿のおなじ部屋に泊まってもらい、電気を消してからも布団のなかで話を聞くという、かなり無茶なこともしたのだが、それもいまではいい思い出話である。こうした特訓の成果が八丈島のよその地区でも生かされることになる。

熊雄さんに聞いた古い方言の言い回しを、よその地区に行ってそこの発音で、こんな言い方はしないか、と聞くと、ああ、むかしはそんな言い方もしたな、という返事が返ってくる。たとえば、ホーゴーテイ。末吉ならハーガーチー、中之郷ならホアゴアティーとなる。これではなんのことか分からないが、元をたどれば「母が元へ」が変化したもの。もはや記憶のなかにしか残っていない方言も少なくなく、クニノ ヒトノ ホウガ クワシキャノー（東京＝本州の人のほうが詳しいね）と感心されたこともしばしばである。

八丈方言の敬語体系は複雑である。最初、熊雄さんに島ことばを教えてほしいとお願いしたとき、ことばの使い方にはいろいろあるが、どんな人間関係での島ことばか、と聞き返された。方言生活者なら日常生活のなかでもっとも敏感になる「基準」だが、とっさにそう聞き返す言語感覚の鋭さに驚いた。

そこで、はじめは対等の関係での方言を覚えたいと伝えると、「先生」ではそういう言い方にならないから名前で、ということに。

ほかの人がいるときはいまも「金田さん」だが、二人で話をしているときに方言の例としてあげてくれる表現には「アキちゃん」がよくあらわれる。筆者のほうは最初から、民宿の人たちと同様「クマちゃん」で通しているが、周囲の人たちから見ると、クニから来た、それも孫ぐらいの歳の人間がそんなふうに呼んでいるというのは、かなり奇妙に見えるものらしい。

「方言調査」には人によっていろいろな方法があると思うが、現在も続けている熊雄さんとのやり方はこうである。八丈に行ったときにはだいたい一日だけ時間を取っていただく。おおくは昼食がすんでひと休みの時間の午後一時過ぎから三時ないし四時ぐらいである。前もって話をしておけば、家の仕事の段取りをそれにあわせてくださる。

初対面で聞いたのが民話と古い民謡の歌詞だったことは、その後のやり方にかなり影響したと思う。民話は一話一話が完結した世界であって、それぞれがひとつの明確なストーリーをもっているため、場面を理解し文法的意味を取り出すことが比較的容易である。また、民話のなかにはすでに死語化したような表現や語彙も豊富に残されている。

はじめの数年のあいだは、いくつかのおなじ民話をなんどか語っていただき、長母音や二重母音、促音や撥音の長短などをくりかえし確認して、より完全な形に近い民話に仕上げていった。とうぜん、もとになった録音とはおなじでなくなるが、言い間違いや言いよどみ、中途半端に標準語化した表現などのない、より洗練された方言、いわば「標準的方言」のすがたがあらわれるわけである。その当時、子どものころの思い出話などを聞いたりもしたが、それも、文字にしたものを筆者が読み上げて、不自然な部分などをすこしずつ修正しながら、より精度の高い「標準的方言」のテキストにしていった。

民謡の歌詞は雑談のなかにもよく出てきたが、途中からは熊雄さんのほうで思い出したものを書きとめてくれるようになり、その数とうとう八百ちかくにもなった。歌詞は民謡には一般的な七七七五のパターンが多く、そこにいろいろな意味をこめているので十分な解釈はなかなかむずかしいのだが、それらと格闘していくなかで方言の理解度も高まり、さまざまな古い文法現象の存在にも気づくようになった。

民話や民謡の歌詞がある程度あつまると、それだけをかな表記にして訳をつけた小冊子にし、島や島関係の人たち、八丈太鼓の名手でもある熊雄さんの知り合いなどに無料で配布した。これが島内はもちろんクニのほうでもなかなかの好評で、品切れになると熊雄さんの知り合いの人が原本より立派な和綴じの海賊版まで作ってくれたほどである。

筆者は民謡や民話の研究者ではないので、これらはもちろん直接の研究成果ではなく、あくまで副産物ではあるが、方言全体を知るには欠くことのできない重要な資料であると同時に、地元の貴重な財産でもある。それをこのようなかたちで地元に還元できたことは、大きな意味があったと思う。

この十年以上、毎年五、六回は八丈に行っているが、熊雄さんのところへは、質問したい内容があってもなくても、島へ行けばかならず話を聞きにうかがう。雑談が大半のときもあるし、よその地区で耳にしたり、古い文献でみつけた語彙や表現について聞くこともある。筆者は標準語で質問するが、熊雄さんは説明もふくめてほとんど方言で答える。

質問内容が細かくなって、場面を想定するのがむずかしくなると、とつぜんまったく別の話題にかえてくる。熊雄さんはこれを「ムダしゃべり」というが、こうやって気分転換しながらでないと、自然な言い回し、表現は出にくいのである。とくに最近は、話をそらすことが多くなっている。長年の付き合いのなかで、長く続けるコツのようなものを、おたがいにわかってきたということなのだろうが、この自然な「ムダしゃべり」が、また新たな情報を提供してくれるのである。

答えのなかには、これはどうかな、と思うようなあやしげな部分もでてくる。それについては、時間をおいて何度も質問する。記憶力抜群の熊雄さんからは、おなじことを何度も聞いて、と思われているはずだが、前回や前前回に聞いたときのあやしげな部分を、くりかえし質問する。毎回、初めから終りまで、レコーダは回しっぱなしである。帰ってからそれを聞いて、方言の部分や説明などで使えそうなところをすべて文字化する。そのなかのあいまいな部分や不十分なところを、次回の質問項目に加えるわけである。

このように、これまでの大半は調査用紙とか質問項目とかいったものをあらかじめ用意せずに、そのつど、雑談などの自然な会話にでてきた、わからない部分、標準語とは用法が違うなと気になった部分などについて話を聞いてきた。ここ数年になって何回かやることになった調査票による質問は、たしかに聞きたいことを効率的に聞くことはできるかもしれないが、それはこちら側の都合であり、けっして自然ではない場面を想像しながら、より自然な方言をつくってもらうというのは、かなりの無理をともなう作業である。

とはいうものの、確実にやって来る方言の消滅をまえにして、効率的な調査の求められる比重が加速度的に増していることも事実である。残された時間はわずかであるが、地元への貢献度が高く、かつ地元にやさしい「調査」を、今後も心がけたいと思う。

(この文章は、平成十四年度科研報告書『方言における動詞の文法的カテゴリーの類型的研究』(工藤真由美編 二〇〇二)に発表したものである。今回、本書に転載するにあたり多少手をくわえた。)

出会って一、二年たったころ、筆者のために熊雄さんが歌を詠んでくださった。それをここに紹介させていただきたい。

ひろい　田ばらに　たぶー(稲を)　つくららば
　秋にゃ　こがねの　穂が　さがる

金田　章宏
(2004/05/20)

民謡

「おじゃりやれー」

島ことばをおぼえた
ムクドリのツブです。

一　しょめ節

001　あうわ　うれしゅい　わかれわ　つらい
おーて　わかれが　なけりゃ　よい

会うのはうれしい。別れるのはつらい。会って別れがなければいい。
うれしゅい＝歌言葉での形容詞古形　明治以前　093

002　あうわ　かしたて　ひょんげわ　みつね
あったけち　なかのごうわ　せじどころ

アウは樫立、ヒョンゲは三根、アッタケチ中之郷は世辞どころ。

あう＝樫立の返事か？　ひょんげ＝三根のヒョンゲナ（ふざけるな、冗談をいうな）か？　それぞれの地区の特徴的な表現ともいわれる。せじ＝中之郷ではsjoazju:と発音し、セイゾウという人名という説もある。　明治以前

003　あえば　はなしわ　やまほど　あろに
なぜか　あうのが　こわく　なる

会えば話は山ほどあるのに、なぜか会うのがこわくなる。
明治中期　475

004
あかい　こそでに　まよわぬ　ものわ
きぶつ　かなぶつ　いしぼとけ

赤い小袖に迷わないものは、木仏、金仏、石仏。
安木節から　二段節参照　昭和初期

005
あさの　ねござの　すいつけたばこ
よいの　くぜつの　きげんとり

朝の寝ゴザでの吸い付けタバコは、きのうの宵の口げんかの機嫌とり。
吸い付けタバコ＝タバコから火を付けること。トメノおばがよく歌った。明治以前

006
あしけ　ういが　のう　ごごん　エば　うごん
うごん　エば　ごごんで　みが　もたぬ

まったく、あいつがまた、こういえば、ああ、ああいえば、こうで、身がもたない。

007 あすわ　おたちか　おなごり　おしい
あめの　とうかも　ふれば　よい

あすはおたちか、お名残り惜しい。雨の十日も降ればよいのに。
蒸気船が通うようになってから　昭和？　012　291

008 あすわ　おたちか　おなごり　おしい
かぜの　みならば　なだで　あう

あすはおたちか、お名残り惜しい。風の身ならば、灘で会うのに。
昭和？　179

009 あすわ　でろぞうて　ようぶれが　まわる
いれた　はながみや　めな　めなだ(なみだ)

あすは船が出るぞと、用触れがまわる。懐に入れたはな紙はみな涙。

ようぶれ＝年貢をはこぶ船が出帆することをふれてまわった。朝触れというのもあったらしい。　でろぞうて＝derozjouteは、でるderowaの引用形式のひとつ。　めな＝みなの古形　めなだ＝なみだの古形　あきた　明治以前

010 あだん　しょーし(せいし)　ぶっちゃっとけ　てご[う]ば
てんで　なろ　かみょ　どう　なさる

どうしようもないよ、ほっときなさい、三女であるおばさん。天の神様がすることを(天で鳴る雷を)人がどうできるというの。

しょーし・せいし＝反語形式　てごば＝てごは三女。おばであるその人が長女(にょこ)なら、ねっこうば、次女(なか)なら、なっこうば、四女なら、くすうば　明治以前

011 あまり　したさに　はかばで　したら
ほとけばかりで　かみが　ない

あまりのしたさに墓場で用を足したら、仏ばかりで神(紙)がない。

012 あめの　とうかじゃ　まだまだ　たらぬ
やりの　せんぼも　ふれば　よい

雨の十日では、まだまだ足りない。槍の千本も降ればよい。
大正末〜昭和　007　291

013 あめの　ふる　ひわ　てんきが　わるい
おやじゃ　わしより　としが　うえ
雨の降る日は天気が悪い。親父は私より年が上だ。

014 あめの　ふろ　ひと　ひの　くれがたにゃ
うまれざいしょが　おもわれる
雨の降る日と、日の暮れ方には、生まれた在所が思われてならない。
明治以前

015 あめの　ふろ　ひに　おじゃるな　さまよ
げたの　にの　じで　おもわれる
雨の降る日にいらっしゃるな、あなた。下駄の二の字をみて心配になってしまうから。
明治以前

016 あめの　ふろ　ひにゃ　てんきが　わるい
わるい　はずだよ　あめじゃもの

雨の降る日には天気が悪い。悪いはずだよ、雨だもの。
昭和

017 あめも　ふれ　ふれ　みじゃにも　たまれ
かわい　あのこわ(を)　よけて　ふれ

雨も降れ降れ、地面にもたまれ。だけど、私のあの人はよけて降れ。
あのこ＝男女ともにいう　明治以前

018 あめわ　しんしん　わが　みわ　ぬれる
やぶれがさでも　ほしく　なる

雨はしんしんと降り、わが身は濡れる。破れ傘でもいいから欲しくなる。
明治以前

019 あめわ　てんから　たてしゃん　ふろに
わたしゃ　あなたを　よこに　ふる

雨は天から縦に降るけれど、私はあなたを横に振る(あなたの申し出を断る)。
しゃん＝方向をあらわす接辞

020 あめわ　てんから　ふれども　はれる
わしの　こころわ　なで　はれぬ
雨は天から降るけれども、いつかは晴れる。私の心はなぜ晴れないのだろう。

021 あめわ　てんから　めなだわ　めから　以下不明
雨は天から、涙は目から

022 あめわ　ふって　くる　にえーの　まきゃ　ぬれる
へだかじゃ　こが　なく　めしゃ　こげる
雨は降ってくるし、庭の薪は濡れるし、背中では子どもが泣くし、ご飯はこげるし。
にえー＝にやー　へだか＝s>h・n>d　明治以前

023 あれ　ききやしゃんせ　うぐいすさえも（でさえ）
ごしょうだいじに　ほけきよ　よむ
あれをお聞きなさい。ウグイスでさえ、後生大事に法華経をよむから。

024 あわぬ　つらさに　あまどう　あけりゃ
はなわ　むじょうに　ふりかかる

会わないつらさに雨戸を開ければ、花は無情に降りかかってくる。
大正末から昭和

025 あんせい　なびこナ　こんどうじーが　やなぎ
いとど　わが　みが　かなしけに

どうして風になびくのか、近藤(富蔵)爺の柳よ。なお一層わが身が悲しくなるのに。
疑問詞疑問文は、疑問詞あんせい＋連体形なびこ　明治初期

026 あんの　ざんまい　こぼれた　みずを
くんで　かえせる　わけじゃなし

どうしようもないよ、こぼれた水を汲んで返せるわけではなし。
明治以前

027 いこうか　よそうじ　もどろか　やさり

ここが　しあんの　なかのみち

行こうか、与惣次(三根の地名)へ。戻ろうか、矢崎(同上)へ。ここが思案の中道(同上)。

明治以前　275

028 いこわ　はしろわ　おえどう　さして

おやきょうだいが(おもう　おやこが)　あろじゃなし

行くよ走るよ、お江戸をさして。親きょうだいが(私を思う親子が)いるわけじゃなし。

ハシロワも行くの意味で、同義語による強調か。標準語の走るはハネロワ

明治以前　345　551〜553　546

029 いこわ　はしろわ　おえどう　さして

しらぬ　たにんよ(じょうかんよ)　おやと　みて

行くよ、走るよ、お江戸をさして。知らない他人を(上官を)親と思って。

明治初期　345　551〜553　546

030 いずのしもだに(しもだみなとに)　ながいわ　よしゃれ

しまの　さいふが　からに　なる

伊豆の下田に(下田港に)長居はよしなさい、縞(島)の財布がからになるから。
ブヘイトトウ(稲田由兵)が踊りながら歌ったのがおもしろかった。下田に
避難したときの歌　明治以前　328

031 いっちゃ　にゃ　かり　こい　かけられて
すぐに　いちだと　なるわいな

一把、二把とマグサを刈って、声をかけられているうちに、すぐに一駄(牛一頭分の荷)となってしまうなあ。

032 いって　やろかな　いわずに　おこか
なにも　いわずに　むねに　おく

言ってやろうか、言わないでおこうか。やはり、なにも言わないで胸におこう。

033 いっぽん　うたいましょ　はばかりながら
これも　みなさんの　ごあいきょに

一本歌いましょう、はばかりながら。これもみなさんのご愛敬に。
417

034 いとしきおんなにゃ　どこ　よーて　ほれた
さなぎ　くささに　わしゃ　ほれた

糸引き女にはどこがよくて惚れたの？　サナギ臭さに私は惚れたの。

いとしきおんな＝サナギくさいので、ハエがたかった。ひものないコシマキだけだったので、立つとよく落ち、しょっちゅうはさみなおしていた。また、オヤリをヒネル（くず繭から糸につむぐ）ときは、わるいイザマ（すわりかた）でやったので、コシマキのなかが丸見えだったという。　明治以前

035 いとの　おどらわ（もつれわ）　ほどけも　するが
さまと　もつれりゃ　ほどかれぬ

糸のもつれなら解けもするが、あなたともつれたら、もう解くことができない。
明治以前　036　644

036 いとわ　せんぼん　きれても　つなぐ
さまと　きれたりゃ　つながれぬ

糸は千本切れても〈織りのとき〉つなげるが、あなたと切れたらつなぐことはできない。
明治以前　035　228　644

037 いなば　はんだようが　ですがた　みれば
おしもが　ほれたも　むりわ　ない

稲葉（地名）のハンダユウの出姿を見れば、オシモ（妾の名）が惚れたのも無理はない。
すがる（ひやかし節）　明治以前　038

038 いなば　はんだようわ　へーのき　こばい
そとみち　じゅーじわ　まつ　こばい

稲葉（地名）のハンダユウは夜這いをしてまわるが、外道（地名）のジュウジは待っているだけで女（オキメ）がやってくる。

ヘーノキはヤシャブシの木でヘーミク（はってあるく、はってまわる）にかけた。稲葉のハンダヨウは積極型だが、外道のジュウジは女にもてた待機型で、じっとしていても女がかよったという。　すがる（ひやかし節）　明治以前　037

039 いびで　ひねって（つねって）　めで　しらせても
さとらないのか　しらんかを

指でつねって、目で知らせても、気づかないのか、知らん顔。
明治以前　069　339

040 いまじゃ　こうかい　なで　あの　ときに
かたい　わたしを　まよわせた
いまでは後悔しているの。なぜあのときに、身持ちのかたい私を迷わせたの。
z>d　大正　047

041 いまの　おどりの　わに　なる　ように
あなたと　わたしも　まるく　なる
いまの踊りの輪になるように、あなたと私もまるくなる。

042 いもの　にっころがしゃ　かじより　こわい
むねわ　やけるし　へわ　でるし
サトイモの煮っころがし(芋田楽)は火事よりこわい。胸(棟)は焼けるし、屁は出るし。
明治以前　346

043 いやだ　いやだと　よこだの　いもわ
くびを　ふりふり　こを　つくる

いやだいやだというように、山の斜面のサトイモは、強風に首をふりながらも子イモを作る。

明治以前　092

044 いやだ　いやだよ　かんべつおんな
めすと　おすとを　えりわける

いやだ、いやだよ、鑑別女は。雌と雄とを選り分ける。
昭和十年前後以降、本州から蚕の鑑別のために若い女性がやってきた。
100

045 いやで　さいわい　すかれちゃ　こまる
おきのどくだが　おことわり

いやで幸い、好かれちゃ困るわ。お気の毒だけどお断りよ。
大正　046　047

046 いやと　ゆうのに　おまえが　くどき
いちど　いやなら　いつも　いや

いやというのに、あんたが口説くけど、一度いやならいつもいやなの。

大正末　045　047　132

047 いやな　ものなら　なぜ　あのときに
かたい　わたしを　まよわせた

いやなものなら、なぜあのときに、身持ちのかたい私を迷わせたの。
大正末　040　045　046

048 いれて　おくれよ　かいくて　ならぬ
わたし　ひとりが　かやの　そと

入れておくれよ、かゆくてたまらない。私ひとりが蚊帳の外。
大正末

049 いれて　もらえば　きもちわ　いいが
きがね　しますよ　もらいぶろ

入れてもらえば気持ちはよいが、気兼ねをしますよ、もらい風呂は。
大正

050 いろの　いのじと　いくさの　いのじ
どちらの　いのじも　いのちがけ

色のイの字と、戦のイの字、どちらのイの字も命がけ。
太鼓を吊るしてたたいたハナエおばさんが好きだった歌詞。　明治後期
419

051 いろわ　くろくて　あいきょわ　なくも
ひとに　もたれる　なべの　つる

色は黒くて愛敬はなくても、人に持たれる鍋のつる。
ノーズルナベ＝縄弦鍋　やととん節　明治以降

052 いわば　いえ　いえ　いわやの　つつじ
わたしゃ　いわれて　きくの　はな

言いたいなら言えばいい、岩屋のツツジ。私は言われて菊（聞く）の花。
大正

053 ううぇを　おもえば　かぎりが　ないと

したを　みて　さく　ゆりの　はな

上を思えば限りがないと、下をみて咲く百合の花。

ううえ＝[uwe]　昭和前期

054 うきよがらすわ　よに　ほれて　なく
わたしゃ　あなたに　ほれて　なく

うき世のカラスは世に惚れて鳴く。私はあなたに惚れて泣く。

明治以前

055 うたいたかいどうに　はなげいじゃ　あり
こいが(わ)　しょっからごいで　だされない

歌いたいけれど、鼻声だし、声はガラガラ声で、歌を出せない。

うたいたかいどう＝うたいたくあれども　明治以前

056 うたいたかいどうに(うたいたけどう)　けげいの(が)　かれて
はじがましけんて　だしかねる(だされない)

歌いたいけれど、変声期で、はずかしくて、歌を出せない。

けげい＝毛声＝陰毛の生える時期に変声期をむかえることから。

057 うたいたくても　はじがましくて
こいが　しょっからごいで　だされない
歌いたくても、はずかしくて、声がガラガラ声で、歌を出せない。
しょっからごい＝塩辛声　明治以前

058 うたいなされよ　おうたいなされ
うたで　ごきりょわ　さがりゃせぬ
歌いなさいよ、お歌いなさい。歌で器量は下がりはしない。
明治以前

059 うたいますぞえ　こえ　はりあげて
おもう　つまさまに　とどく　ほど
歌いますよ、声をはりあげて。思うあの方に届くほどに。

060 うたいますぞよ　はばかりながら

うたの　もんくは　しらねども

歌いますよ、はばかりながら。歌の文句は知らないけれど。
大正

061 うたえ　うたえと　せめたてられて（せめかけられて）
うたも（わ）　でも　せて（せず）　あせが　でる

歌え、歌えと、責めたてられて、だけど歌は出もしないで汗がでる。
明治以降

062 うたえ　じゅーしち　こい　はりあげて
かどじゃ　しのびの（しのぎの）　とのが　きく

歌いなさい、娘さん、声をはりあげて。屋敷の入り口では忍びのあの人が聞いているから。
との＝彼氏　ワガトノは男女とも子どもにもつかった　明治以前

063 うたが　でたのに　おどりが　でぬわ
いどに　つるべが　ないごとし

歌が出たのに踊りが出ないのは、井戸につるべがないようなものだ。
明治以前

064 うたって　さします　はばかりながら
うたの　ごじゅんわ　みぎまわり

歌って指名しますよ、はばかりながら。歌の順番は右まわりです。
大正?明治以降?

065 うたって(うたで)　よこせば　うたって　かえす(かえして　やろわ)
せんや　にせんわ　こわくない

歌って(歌で)よこせば、いくらでも歌ってかえす。千や二千はこわくない。
明治以前

066 うたと　ねぶつわ　ごしょうに[か]　なろん
ひとの　うわさわ　つみに(と)　なる

歌と念仏は後生になる(他人に迷惑はかからない)のに、人の噂は罪になる。
[か]＝係り結び(カ強調形)だが結びが流れている。　明治以前　085

067 うたに　かんなを　かけたるなれば
わたしゃ　めかごで(あまごで)　みずを　くむ

歌にかんなをかけたなら、私は目篭で(アマゴで)水を汲むよ。
あまご＝魚をあぶったりする道具。木枠で目の粗い金網。　明治以前　074

068 うたの　たかよしに　ほれとーか　たんべ
うたじゃ　としえいわ　できやせぬ

歌のうまいタカヨシ(人名)に惚れたのか、タンベ(人名)よ。歌で生活はできないよ。

069 うたの　もんくで　くどいて　みたが
さとらないのか　つまさまわ(しらんかを)

歌の文句で口説いてみたが、気づかないのか、あの方は(知らん顔)。
明治以前　039　339　668

070 うたの　もんくわ　かずかず　あれど
わしの　おはこわ　ただ　ひとつ

歌の文句は数かずあるけれど、私の十八番はただひとつ(ひとりあなただけですよ)。
明治以前

071 うたわ　こいから　みわ　いしょうから
はなわ　エだから　みごと　さく
歌は声から、身は衣装から、花は枝から、みごとに咲く。
明治以前

072 うたわ　しょめぶし　おとこわ　がんこ
うしめじゃ　まんじゃせいが(わがえの)　あかんばめ
歌はしょめ節が、男は頑固ものが、牛ならマンジュ(万十?　万次郎?)兄貴の赤い雌牛がいちばんだ。
マンジャセイのかわりに、末吉ではモジュージー、中之郷では万治ともいう　明治以前

073 うたわ　たもとにゃ　せんぼも　あれど
こいが　しょっからごいで　だされない
歌は袂には千本もあるけれど、声が塩辛声(ガラガラ声)で出すことができない。

074 うたわ　ふしぶし　ところで　かわる
うたに　かんなが　かけらりょか(かんなわ　かかりやせぬ)
歌は節ぶし、ところによってかわるもの。歌にかんながかけられるものか(かんなはかかるものではない)。
明治以前　067

075 うたわ　へたでも　いとしきや　じょうず
きょうも　やくばで　ほめられた
歌はへたでも糸引きはじょうず。きょうも役場でほめられた。
糸引きがじょうずだったミクルおばさんを歌った。　076　424

076 うたわ　へたでも　もんくが　よけりや
ひとわ　もんくで　うまく　きく
歌はへたでも文句がよければ、人はその文句でうまく聞いてくれる。　075　424

077 うつつごころで　はしらに　もたれ
おきて　いながら　さまの(ぬしの)　ゆめ

うつつ心で柱にもたれながら、起きているのにあなたの夢を見ている。

078 うのナ　しんぞうどんの　ざぐりの　おとわ
どこで　きーても　ほどが　よい

あのシンゾウ殿の座繰り(糸引き)の音は、どこで聞いてもほどよい音だ。
ウキチ爺の作で、オホヨおばさんが糸を引きながら歌った。　148

079 うめが　よいかい　さくらが　よいか
ももと　ももとの　あいが　よい

梅がよいか、桜がよいか。桃(腿)と桃との間がよい。
しゃっぺん節にいれてもいい　大正　080

080 うめと　さくらを　りょうてに　もって
どれが　うめやら　さくらやら

梅と桜を両手に持って、どれが梅やら桜やら。
大正　079

081 うらの　はたけに　なすのき　うえて
おまえ　なるきか　ならぬきか
うらの畑にナスを植えて、おまえ、なる木(気)か、ならぬ木(気)か。
大正　541

082 うらむまいぞえ　にくみも　すまい
エんが　ないもの　どう　なさる
うらむまい、憎みもすまい。縁がないものをどうなさるというの。
明治以前　458

083 うわき　ちゅーせいが　まいたる　むぎわ
うわきごころで　ところでき
浮気なチュウ(忠次郎)兄貴がまいた麦は、浮気心で、ところによって出来がちがう。
ちゅうあせい〉ちゅうせい　オナルおばさんが嫁に行くのを、ほかの人がからかって歌った　ひやかし節　明治末　084

084 うわき　ちゅーせいに　ごれそうな　おなる
いけば　かいろが　いやと(に)　なる

浮気なチュウ(忠次郎)兄貴に嫌気がさしそうな(こりそうな)オナル。(嫁に)行けば帰るのがいやになる。

オナルおばさんが嫁に行くのをからかって歌った　ひやかし節　明治末　083

085 うわさ　ゆーまい　うきなが　たつと
おめいながらん　くちん　だす

噂を言うまい、浮き名がたつから、と思いながら、つい口に出してしまう。　066

086 えじま　いくしま　うきしまなれば
たぐりよせます　ひざもとエ

江島、生島が浮島ならば、たぐりよせます、ひざもとへ。

花の江島　231　405

087 えじまゆえにか　かどにも　たたれ

もはや　たつまい　だれゆえに

江島だからこそ、門(入り口)にも立ったのに。もはや立つまい、だれのためにも。

～か　たたれ＝カ強調形　花の江島　231　405

088　えだも　おるまい　おられも　すまい

こころ　おきなく　いきやしゃんせ

枝も折らないし、折られもしないよ。だから、心おきなくお行きなさい。

明治以前　539　540

089　えどと　はちじょうに　かねの　はしょ　かけて

いちやがよいが　して　みたい

江戸と八丈に鉄の橋をかけて、一夜通いがしてみたい。

明治以前

090　えどの　くにから　こいとの　びんぎ(たより)

いかじゃ　なるまい　つぎびんじゃ

江戸のくにから来いとのことづけ(便り)。行かなきゃならないだろう、つぎの便では。

明治以前

091 おいて　おじゃれよ　ふるてぬぐいよ
わすれおいたと　また　おじゃれ

置いていらっしゃいよ、古い手ぬぐいを。そして、忘れていったと言って、またいらっしゃい。

明治以前

092 おいで　おいでと　すすきわ　まねく
いもわ　いやだと　くびを　ふる

おいでおいでとススキは招くけれど、サトイモの葉はいやだと首をふる。　043

093 おーて　うれしゅい　わかれの　つらさ
おーて　わかれが　なけりゃ　よい

会ってうれしい、別れのつらさよ。会って別れがなければよいのに。

うれしゅい＝歌言葉での形容詞の古形　明治以前　001

094 おがさわらにも（おうがしまにも） こーゆー くさの
でるから（あるから） はちじょうが おもわれる
小笠原にも（青が島にも）こういう草がでるから（あるから）、八丈が思われる。
熊おじの母がよくうたった　明治はじめ

095 おきで みた ときゃナ おにしまと みたが
きて みりゃ はちじょわナ なさけじま
沖で見たときは鬼島だと思ったが、来てみれば八丈は情け島だ。

096 おきに ちらちら こうかいらんぷ
あれわ あのこの とびよぶね
沖にちらちら、航海ランプ。あれはあの人のトビウオ船。
とびいを〉とびよ　明治末？

097 おきの おうがしま（あおしま） とのごの しまよ
みなみかぜ そよそよ によごがしま

沖の青が島は殿御の島だよ。ここは南風がそよふく、女護が島。
「おうがしま」が古い歌詞。

098 おきの　となかに　はたものう　たてて
なみに　おらせて　ねに　きせる

沖のとなかに機ものをたてて、波に織らせて（寄らせて）岩に着せる。
熊おじのお気に入りの歌詞　明治以前

099 おきの　なみょ　みろ　やまより　たかい
さまを　ださりょか　あの　なかえ

沖の波をご覧なさい、山より高いから。あなたを出せるものですか、あんななかへ。
明治以前

100 おきのどくだよ　たねごなさまわ
めすと　おすとが　わけられて

お気の毒だよ、種蚕さまは雌と雄とが分けられて。
昭和十年前後以降、本州から蚕の鑑別のために若い女性がやってきた。
044

101 おくりましょうか　みおくりましょか
じゃばで　なからば　うちまでも

送りましょうか、見送りましょうか。じゃまでなければ家までも。
明治以前か

102 おくりましょうか　みおくりましょか
せめて　きせんの　なかまでも

送りましょうか、見送りましょうか、せめて汽船のなかまでも。
大正

103 おけい　ささんで　こがねの　みずー
くんで　いきたや　わが　つまに

桶を頭にのせて、黄金の水を汲んで行きたいものだ、あの人のところへ。
ささぐ＝頭上運搬すること　こがねのみず＝まだ暗いうちに汲む正月最初の水。これを飲めば、一年中無病息災に暮らせるといわれた。また、水桶を頭にのせてこぼさないように運べることが、一人前の女性の条件であり、嫁入りするためのだいじな要素だった。　486

104 おさけ　のむ　ひと　しんから　かわい
のんで　くだ　まきゃ　なを　かわい

お酒を飲む人は心からかわいい。飲んでくだをまけば、なおかわいい。　261　262　263

105 おさけ　のむ　ひと　はななら　つぼみ
きょうも　さけ　さけ　あすも　さけ

お酒を飲む人は、花ならつぼみ。きょうも咲け(酒)、咲け、あすも咲け。
大正　261　262　263

106 おさけ　のめ　のめ　いっすん　さきゃ　やみよ
おみき　あがらぬ　かみわ　ない

お酒を飲め飲め、一寸さきは闇だよ。御神酒をめしあがらない神様はいないんだから。
大正　261　262　263

107 おしぇん　どんごめ　あんぽんたんち
わがナ　ほーちゃわ　いくじなし

オセンはバカで、あんぽんたん。そんなふうにした私のお母さんはどうしようもない人(お母さんのせいでこうなった)。

オセン＝ボロをまとい、こう自分で歌いながら島じゅうを歩いては、飯をにぎってもらって食べていた。

108 おすい　かいこわ　しぬ　ときや　くさい
おいさどの　きんこで　ねんぐまい

オスイ(女性名)の蚕は死ぬときは臭い。オイサ殿(女性名)はキンコ(蚕の一種)で、年貢米の分をはらう。

明治以前

109 おちゃと　ゆー　じを　ぶんせきすれば
ひとわ　くさきの　あいに　すむ

お茶という字を分析すれば、人は草木の間に住む。

大正

110 おつきさまさえ　どろたの　みずに
かをう　うつして　うきしずみ

お月様でさえ、泥田の水に顔をうつして、浮いたり沈んだりだ。

持丸マスジおじがよく歌った。　明治以前

111 おてつばかりが　てつなるものか
よつまたいかりも　てつにゃ　てつ

オテツばかりが鉄なものか、四股の碇も鉄には鉄だ。

オテツ＝トンチがいいので、流人にもてた女性。流人がこの歌をつくったという。熊おじの家の年貢のコウシクミ（織りで、経糸を組む仕事）をしながら、セーモンクドキを教えてくれたり、近藤富蔵の話もしてくれた人。

明治以前

112 おとこが　ほれるよな　おとこで　なけりゃ
おとこわ　おとこの　なわ　たたぬ

男が惚れるような男でなければ、男は男の名がたたない。

113 おとこだてなら　こよーどがはなの
しをの　はやさを　とめて　みろ

男伊達なら、小岩戸が鼻（地名）の潮の速さを止めてみろ。

114 おとこやもめにゃ　うじめが　わこに(でろに)
おんなやもめにゃ　はなが　さく

男やもめにはウジがわくのに、女やもめには花が咲く。
明治以前

115 おとと　ころして　はっせんやこい
ないて　ちを　はく　ほととぎす

弟を殺して、八千八声、泣いて血を吐くホトトギス。

兄にうたがわれた弟が腹を割いて死んでしまう民話「ほととぎす」のなかに出てくる歌詞。八丈島にはホトトギスが多い。明治以前

116 おどり　おどらば　しな　よく　おどれ
しなの　よからば　よめに(むこに)　とる

踊りを踊るなら品よく踊れ。品がよければ嫁に(婿に)とる。
明治以前　122

117 おどりゃ　おんどがら　せきだわ　おがら

よめと　しゅーとわ　こころがら

踊りは音頭次第、雪駄は緒次第、嫁と姑は心がけ次第。

～がら＝①～のもとへ、②～の分、③～次第　オキばんまがよく歌った。

明治以前　118　119　120

118 おどりゃ　おんどがら　みわ　いしょうがら

おきの　しらなみゃ　かざゆえに

踊りは音頭次第、身は衣装次第、沖の白波は風が吹くから。

オキばんまがよく歌った。　明治以前　117　119　120

119 おどりゃ　おんどがら　みわ　いしょうがら

げたと　ぞうりわ　はなおがら

踊りは音頭次第、身は衣装次第、下駄と草履は鼻緒次第。

オキばんまがよく歌った。　明治以前　117　118　120

120 おどりゃ　おんどがら　みわ　いしょうがら

よめと　しゅーとわ　こころがら

踊りは音頭次第、身は衣装次第、嫁と姑は心がけ次第。

117　118　119

121 おどりょ　おどらば　めーより　おしろ

おしろすがたを　ひとわ　みる

踊りを踊るなら、前より後ろ。後ろ姿を人は見る。

明治以前

122 おどる　なかでも　あのこが　ひとり

あのこ　うんだる　おや　みたい

踊るなかでもあの人がひとり。あの人を生んだ親を見たいものだ。

あのこ＝男女ともにいう　明治以前　116

123 おにも　じゅーしち　ばんちゃも　でばな

あざみの　はなでも　ひとさかり

鬼でも十七なら、番茶でも出端なら、アザミの花でさえも、一盛りはあるものだ。

十七＝若いということ　明治

124 おののこまちか　てるてのひめか
どちらが　あやめか　かきつばた
小野の小町か、照るての姫か、どちらがアヤメか、カキツバタか。

125 おののこまちと　ちおんいんの　かさわ
ささず　ぬらさず　ほねと　なる
小野の小町と知恩院の傘は、ささずぬらさず骨となる。

126 おばば　しょんべんすりゃ　すずめが　のぞく
いちわ　にわ　さんば　しわだらけ
お婆がしょんべんすれば、スズメがのぞく。一羽、二羽、三羽、しわだらけ。

127 おびの　とめどに　とびつく　ほどに
ほれちゃ　あれどう　おんなの　み

帯の結び目にとびつきたいほど、惚れてはいるのだが、私は女の身、自分からはどうにもできない。

あれどう＜あれども

128 おまえばかりを　なかせちゃ　おかぬ
とうく　はなれて　わしも　なく

おまえばかりを泣かせてはおかない。遠く離れて私も泣くよ。

明治以前

129 おみが　あにん　かも［う］　わが　ぼうく　なろに
かんもの　しびよでも　たぼじゃなし

あなたがなににかまう(私にかまうな)。私が自分で大きくなるのに。サツマイモのしっぽでもくれるじゃなし。

おみ・たぼ＝少し遠慮のある相手に使う。もとは疑問詞疑問文で、疑問詞あにん＋連体形かもう　明治以前　130　131

130 おみが　あにん　かもう　わが　たびー(たびん)　でりゃーてい
おびの　かたひろーも　たぼじゃなし

あなたがなにかまう。私が初潮で他火小屋に行っても、帯のかたひらをもくれるじゃなし。

たび＝生理中の女性は家族とはなれて生活した。そのための共同の小屋がところどころにあった。

明治以前　129　131　560

131 おみが　あにん　かもう　わが　はつたびに
おびの　かたひろーも　たぼじゃなし

あなたがなにをかまう。私の初潮の時に、帯のかたひらをもくれるじゃなし。

明治以前　129　130　560

132 おみが　やだらば　わいも　のう　やだら
こがねずくしの　おみじゃなし

あなたがいやなら、私もまたいやよ。黄金づくしのあなたじゃなし。

明治以前　046

133 おみが　よけこう　ぼたもちがおで
きなこ　つけたりゃ　なを　よけ　こ

まあ、あなたいい娘だね、ぼた餅顔で。黄粉を(キナコと名を)つけたらなおいい娘。

よけこを〉よけこう＝感嘆文　相撲甚句　明治以前

134 おみと　そうなら　エいがの　どでも
たけの　はしらの　やかたでも

あなたと添えるなら、エイガ(養蚕でつかう目の粗いざるのようなもの)の戸でも、竹の柱の粗末な小屋でも。
明治以前　267

135 おみも　あんまいだれ　じゅーしちはちで
しちじゅーばんもー　まよわせて

あなたもあんまりだ。十七、八歳で、この七十ばあさんを迷わせて。
あんまいだれ＝コソのない強調形　明治以前

136 おみゃナ　わそどーか　この　くろ　ふねで
おもう　われいわ　ふりすてて

あなたは行くのですか、この黒(来る)船で。思っている私はふりすてて。

わす＝おはすからの変化で「おみ」に対応する丁寧動詞。最上の「おめー」には「おじゃる・おじゃりやる」が対応。　明治以前

137 おめいやか　くれ　おもわぬ　かどに
だれが　この　あしょ　はこぼーし

思っているからこそ来るのです。思わない家の入り口に、だれがこの足をはこぶものですか。

おも〈や〉おめいや　力強調形　はこぼーし＝反語形式　明治以前

138 おもい　はしっこの　ゆを　しきながら
おもいだそじゃナ　またむかしょ

重い（思い）ハシッコのユを引きながら、思いだすよ、マタムカシを。

はしっこ＝五齢期の蚕。成長の盛りなので重い。　ゆ＝蚕の入ったエイガをさしておく棚。　またむかし＝蚕の品種名で、良質の糸だった。　235

139 おもいだしてわ　あの　ほしょ　おがめ
あの　ほしゃ　あのこの　やねの　ううえ

思いだしてはあの星を拝みさい。あの星はあの人の屋根の上だから。

140 おもいだしてわ　あの　ほしょ　ながめ

あの　ほしあたりが　ぬしの　やど

思いだしてはあの星をながめる。あの星あたりがあなたの宿。

明治以前

141 おもいだしてわ　しゃしんを　ながめ

なでか　しゃしんわ　もの　いわぬ

思いだしては写真をながめるが、なぜか写真はものを言わない。

明治三八年に撮影した写真が熊雄宅にある　明治後期

142 おもいだすとわ　よも　ねいられぬ

さまわ　あだんして　およるやら

思いだすと、夜も寝られない。あなたはどうやって寝ていらっしゃるのか。

およる=寝るの敬語　明治以前

143 おもいだすまいと　おもいわ　すれど（おもっちゃ　あれど）

おもいだすよな　ことばかり

思いだすまいと思いはするが、思いだすようなことばかりだ。

やとどん節　明治以前

144 おもいだすよじゃ　ほれよが　うすい
おもいださずに　わすれずに

思いだすようでは、惚れかたが足りない。思いださずに、そして忘れずに。
やとどん節　明治以前

145 おもいでーたりゃ　のう　きて　たもうれ
つばき　はな　さく　はちじょういー

思いだしたら、また来てください、椿の花が咲く八丈へ。
でーたりゃへだしたれや　明治以前

146 おもいにきびに　おもわれにきび
かをに　にきびの　たえが　ない

思いニキビに思われニキビ。顔にニキビのたえるひまがない。

147 おもう　かどにわ　そですな　まいて

ひとと　やくそく　すな　すなと

思う人の家の入り口には、袖砂をまいて、他人と約束をするな(砂)、するなと。

そですな=垂土(神湊近くの砂浜)の砂をとってお祈りにつかった。願いが叶うよう、思う人の家の入り口にもまいた。ヨヒコノブシ　明治以前

148 おもう　あのこに　かいたる　ふみも
ざぐりちがいで　みな　ばれた

思っているあの娘にかいた手紙も、それを置く座繰りを間違ってみなばれてしまった。

078　176

149 おもう　たんびに　あわれるならば
わたしゃ　めかごで(あまごで)　みずお　くむ

思うたびごとに会えるならば、私は目篭で(アマゴで)水を汲む。

あまご=魚をあぶったりする道具。木枠で目の粗い金網　明治以前

150 おもう　たんびに　あわれるならば
かれきの　えだにも　はなが　さく

思うたびごとに会えるならば、枯れ木の枝にも花が咲く。

151 おもう　たんびに　あわれるならば
でんしんばしらに　はなが　さく

思うたびごとに会えるならば、電信柱に花が咲く。

152 おもう　たんびに　あわれるならば
やいた　さかなも　でて　およぐ

思うたびごとに会えるならば、焼いた魚もでて泳ぐ。

153 おもう　たんびに　あわれるものか
みずが　めかごで　くまれろか(くまれよか)

思うたびごとに会えるものか。水が目篭で汲まれるものか。

154 おもう(かわい)　わがこの　どうらくものに
かたい　かんじょうの　いも　くわしょ

思う(かわいい)わが子の道楽者に、かたくてうまいカンジョウのサトイモを食べさせよう。

かんじょう＝三根の地名。関所＝便所のことではない　明治以前

155 おもうえーそうに　ひめーりょ　したりゃ
みちの　さなかで(とちゅーで)　さまに　あい

あの人を思っているので日参りをしたら、道の途中でそのあの人に会ってしまった。

えーそう＝語源不明　したれや〉したりゃ　明治以前

156 おもしろけじゃナ　いじゃりの　おなら
じゃりと　こすなお　ふきわける

おもしろいものだ、イザリのオナラは。砂利と小砂をふきわける。

大正

157 おもしろけじゃナ　おこじょが　ひれわ
あかくて　ながくて　ひらひらと

おもしろいものだ、オコゼのひれは。赤くて長くてひらひらとしている。

おこじょ＝オコゼ、ハナオコゼ　明治以前

158 おもしろけじゃナ　ずぼんの　おなら
みぎと　ひだりに　なきわかれ
おもしろいものだ、ズボンのオナラは。右と左になきわかれる。
大正

159 おもしろけじゃナ　そめやの　ぎんわ
かばに　きぞめに　なまかべに
おもしろいものだ、染め屋の銀(太郎)は。樺色に黄色にナマカベ色(ネズミ色)にと、浮気なものだ。
当時、大きな染め屋が三根に六軒あった。ギンタロウゾメはそのひとつで、浮気者を歌った歌　キゾメ＝黄色のことで、キゾメイロとも　ひやかし節
明治以前

160 おもしろけじゃナ　にやっとりめが　しりわ
しんのこと　しんべたと(くすまりと)　てつあなで
おもしろいものだ、ニワトリの尻は。膣と肛門とがおなじ穴で。
にゃっとり＜にわつとり　くすまり＝「くすー　まろわ」は糞をする　てつあな＝一つ穴。「ひとり」もヒが落ちて「とり」になる　しゃっぺん節にい

れてもいい

161 おもしろけじゃナ　わがこの　なこわ
てらの　でいしゅんどんの　きょうよりも

おもしろいものだ、わが子の泣くようすは。寺のデイシュン殿(住職の名)のお経よりも。

明治以前

162 おやじ　おやじと　いばるな　おやじ
おやじゃ　こどもの　ぬけがらだ

親父、親父といばるな親父。親父は子どもの抜けがらだ。

大正

163 おやと　こでさえ　けんかを　するに
まして　わたしわ　よめじゃもの

親と子でさえけんかをするのに、まして、私は嫁だもの。

明治以前　164

164 おやと　こでさえ　なこ　ときゃ　なこに
あにが　よかろーし　たにんめが

親と子のあいだでさえ、けんかしたりして泣くときは泣くのに、他人のなにがいいものか。

よかろーし＝反語形式　明治以前　163

165 おやと　ゆー　じを　よく　みて　みやれ
たちきの　かげでも　みて　おじゃる

親という字をよく見てみなさい。立木のかげでも見ていらっしゃる。

昭和一八年頃の熊おじの作

166 おやに　かんどう　きられる　ものわ
しでなし　ごでなし　ろくでなし

親に勘当されるようなものは、四でなし、五でなし、ろくでなしだ。

明治以前　193　500

167 おやの　いけんと　つめたい　さけわ

すぐにゃ　きかねど　あとで　きく

親の意見とつめたい酒は、すぐにはきかないが、あとできいてくる。

明治以前　168

168 おやの　いけんと　なすびの　はなわ
せんに　ひとつの　むだも　ない

親の意見とナスの花は、千にひとつのむだもない。

明治以前　167

169 おやの　ない　こと　はねなしどりわ
たつに　ひょろりと　ないて　たつ

親のない子と羽なし鳥は、たつときにひょろりと泣いてたつ。

明治　514

170 おやも　こも　ない　さて　きょうだいも
はぬけどりとわ　わしの　こと

親も子もない、きょうだいもいない。羽ぬけ鳥とは私のこと。

明治以前

171 おやわ　おうねに　こわ　もとかたに
さくらばなかよ　ちりじりに
親は大岩（底土の岩礁の名）に、子はもとかたに、まるで桜の花のように、ちりぢりに。
オキばんま　明治以前

172 おやわ　この　ため　こわ　おやの　ため
つらい　うきよを　きりぬける
親は子のために、子は親のために、つらいうき世をきりぬける。
明治以前

173 おやわ　このがら　つばきの　あぶら
おやの　ない　こにゃ　つやが　ない
親は子にとっては椿の油のようなもの。だから、親のない子にはつやがない。
明治以前　514

174 おわん　ひゃくまで　はしゃ　くじゅーくまで
ともに　うるしの　はげろまで

お椀は百まで、箸は九十九まで、ともに漆のはげるまで。

「おまえ百まで」の替え歌　563

175 おんよんよんよい　おんよんよい　やめて
おんよんよんよい　おい　やめて

ああ、痛い、ああ、痛い、ああ、ほんとうに、痛い。

やめて＝病めて　おい！／やめて！＝ともに感情や感覚をあらわす感嘆文。

動詞では～シテ！、形容詞では～クテ！の形が感嘆文の述語になる。「おい」は鼻母音　明治以前

176 かいた　ふみおば　はさんだ　ざぐり
ざぐりちがいで(おやの　ざぐりで)　はじょ　かいた

書いた手紙をはさんだ座繰りだったが、座繰りを間違ってしまい(親の座繰りだったので)恥をかいた。

148

177 かぎやま　ぎんたろうわ　なかの　よけ　ふーふ
いつも　おかなと　でて　はたく
鍵山銀太郎は仲のよい夫婦。いつも妻のオカナと行って太鼓をたたく。
すがるを参照。

178 かけや　かけかけ　いんきんたむし
かけば　かこほど　きもちよい
かけよ、かけかけ、インキンタムシ。かけばかくほど、気持ちがよい。

179 かぜの　みならば　そでから　そよと
すがりつきたや　さまの　はだ
風の身なら、袖からそよと入っていって、すがりつきたい、あなたの肌に。
明治以前　008

180 かぜも　ふかぬに　うきよの　なみわ
かじの　とりよが　むつかしゅい

風も吹かないのに、うき世の波は、舵のとり方がむずかしい。
むつかしゅい＝歌言葉での形容詞古形　明治以前

181 かたいようでも　ゆだんわ　ならぬ
とけて　ながるる　ゆきだるま

固いようでも油断はならない。溶けて流れる雪だるま。
大正　182

182 かたいようでも　ゆだんわ　ならぬ
ゆわも　くだけて　ざりと　なる

固いようでも油断はならない。岩もくだけて砂利となる。
明治以前　181

183 かたほ　たてれば　かたほが　たたぬ
りょうほ　たつのわ(よいのわ)　ほーかぶり

片方をたてれば片方がたたない。両方たつのは(よいのは)頬かむり。
明治以前　184

184 かたほ　たてれば　かたほが　たたぬ
りょうほ　たてれば　みが　たたぬ
片方をたてれば片方がたたない。両方たてればわが身がたたない。
明治以前　183

185 かつーに　なりたきや　こよどがはなの
つられて　あのこに　だかれたい
カツオになりたい、小岩戸が鼻の。釣られてあの人（個人名がはいる）に抱かれたい。

186 かにが　すなばに　よこもじ　かけば
めなみ　おなみが　きてわ　けす
カニが砂場に横文字を書けば、女波や男波が来ては消す。
どちらが女波かは不明　大正

187 かねで　かけたる　めいじの　はしわ
ちよに　やちよに　いつまでも

カネで（金をかけて・鉄で）かけた明治の橋は、千代に八千代にいつまでも。

188 かぶわ　なくても　じなんじゃ　いても
おんな（あのこ・あなた）ひとりわ　くにゃ　ならぬ

財産がなくても、二男であっても、女（あの子・あなた）一人くらいは苦にはならない。

明治以前

189 がまんしなされ　しごとう　しやれ
ななたび　たすきの　もーろほど

がんばって糸仕事をしなさい。水晶玉のたすきが七回も回るほど。

地機で使用するたすきの緑や青のガラス玉をスイショウダマ（古）・シンショウダマ（新）といった。たすきは自然に回転する。肩がこると、そのたすきで肩をたたいて凝りをいやした。織物をする人の糸仕事がすなわち「仕事」　明治以前　190

190 がまんしなされ　しんぼうしやれ
しんぼする　きに　かねわ　なる

我慢しなさい、辛抱しなさい。辛抱する木に金はなる。　189

191 かりや　つばくろの　かたはね　ほしゅい
とんで　いきたい　おえどまで

雁やツバメの片羽が欲しい。そして、飛んでいきたい、お江戸まで。

ほしゅい＝歌言葉での形容詞古形　あいこのじょーさや樫立踊りのなんがれでも歌われる　明治以前

192 かれき　まつばの　はを　みやしゃんせ
どこえ　おちても　ふたりずれ

枯れ木の松葉の葉をご覧なさい。どこへ落ちても二人連れだから。
明治以前　398

193 かわい　あのこと　そわれるならば
おやに　かんどう　きられても

かわいいあの人と添うことができるなら、親に勘当されてもかまわない。
明治以前　166　500

194 かわい　あのこにゃ　じゃこうの　いきの

にくい　やつめにゃ　うしあかの

かわいいあの人にはジャコウのいい匂いがする。みにくいあいつにはいやな牛の垢の臭いが。

195 かわい　あのこの　じゃぐりの　おとわ

どこで　きーても　ほどが　よい

かわいいあの人の座繰り（糸引き）の音はどこで聞いてもほどよい音だ。

明治中期

196 かわい　あのこわ　いつどきうまれ

さんがつ　さくらの　さく　ころに

かわいいあの人は何月生まれ？　三月桜の咲くころに。

197 かわい　あのこわ　さんがつうまれ

どうりで　おかをが　さくらいろ

かわいいあの人は三月生れ。道理でお顔が桜色だ。

198 かわい　あのこわ　たまごに　めはな
しまにゃ　おかれぬ　エどえ　だす
かわいいあの子（子どもの名がはいる）はたまごに目鼻。島には置けない、江戸へ出す。
明治以前

199 かわい　あのこわ　めはなに　たまご
めはなばかりも　ごりょだもの
かわいいあの子（子どもの名がはいる）は目鼻にたまご。目鼻ばかりもご器量だもの。
ご器量？・五両？　明治以前

200 かわい　あのこを　よこせん（よこしゃん）　だいて
おちち　のませた　おや　みたい
かわいいあの人を横に抱いてお乳を飲ませた親を見てみたいものだ。　明治以前

201 かわい　おかたの　さんどの　しょくの
ぜんの　あげさげ　して　みたい

かわいいあの方の三度の食事の膳の上げ下げをしてみたい。

202 **かわい　わがこに　きせたい　がらわ**
いけんごうしに　きかせじま

かわいいわが子に着せたい柄は、意見格子に聞かせ縞。

明治以前　592

203 **かわい　わがこに　べんきょう　させて**
すえにゃ　はかせに　して　みたい

かわいいわが子に勉強させて、末には博士にしてみたい。
オエンマ（女性名）が自分の子を師範学校に出しながら歌った。　明治末

204 **かわいがられた　かいこの　むしも**
いまじゃ（すえにゃ・のちにゃ）　かまゆで　ゆでられる

かわいがられた蚕の虫も、いまでは（すえには・のちには）釜湯でゆでられる。

明治以前

205 かわいがられて　いま　にくまれて（にくまれりゃ）
かわいがられた　かいも　ない

かわいがられていたのに、いま憎まれて（憎まれれば）、かわいがられた甲斐もない。
明治以前

206 かわいがられて　ねた　よも　ござる
ないて　あかした　よも　ござる

かわいがられて寝た夜もあります。泣いて明かした夜もあります。
トメノおばがよく歌った。　明治以前？

207 かわいがられも　がりもよ　したが
いまじゃ　がられも　がりも　せず

かわいがられも、かわいがりもしたが、いまでは、がられも、がりもしない。
がりもよ＝がりをも　明治以前

208 かわいがりもよ　がられも　したが

いまじゃ　がられも　がりも　せず

かわいがりも、かわいがられもしたが、いまでは、がられも、がりもしない。
明治以前

209 かわいそうだよ　しらはで　みもち
きけば　おやじが　つぶされた

かわいそうだよ、未婚なのに身ごもって。きけば親父がつぶされた(破産した)。
白歯は未婚者で、既婚者はお歯黒　明治以前

210 かわいそうだよ　しらはで　みもち
どこの　どいつが　はらませた

かわいそうだよ、未婚なのに身ごもって。どこのどいつがはらませたのやら。

211 かわいそうだよ　しらはで　みもち
もとの　じゅーさ[ん]に　して　かえせ

かわいそうだよ、未婚で身ごもって。もとの十三にしてかえせ。
熊おじの母親のころの女性は結婚がはやかった　明治以前　492

212 かわと ゆー じわ まだ さきの こと
はやく りの じに ねて みたい
川という字はまだ先のこと。はやくリの字に寝てみたい。
明治

213 かをう たてんなーば なれらが(なれめが) どての
くねの つばきに みを はたす
こんなに思っている私の顔をたてないのなら、おまえの家の石垣の防風林のツバキに
身を果たす(首をくくって死ぬ)ぞ。
どて＝石垣 くね＝防風林 子ども心に怖いと感じたという 明治以前

214 かんみ なかしも おうしも よせて 以下不明
カンミ、ナカシモ、オウシモよせて
それぞれ、旧大家。いまはカンミ(高橋家)だけがのこる。 明治以前

215 かんもう かみかみ しゃっぺん[よ] しやれ
かのき こえどー あてん して

サツマイモを食べながらセックスをしなさい、桑の小枝をあてにして。

桑の小枝は、ネブタチガラ＝ツルソバの茎などとともに堕胎に使用した。失敗して命をおとした人もすくなくなかった。熊おじの祖母もそれで亡くなったという。しゃっぺん節　明治以前　272　496

216 きたりゃ　よりやれ　よりゃ　ぬぶりやれ
ぬぶりゃ　その　よにゃ　とまりやれ

来たら寄りなさい。寄ったら家に上がりなさい。上がったらその夜は泊まりなさい。
きたれや〉きたりゃ　よれや〉よりゃ　ぬぶれや〉ぬぶりゃ　明治以前

217 きてわ　とに　たち　のぞいちゃ　まどに
しのび　つまさま　むごいもの

来ては戸に立ち、のぞいては窓に。忍びのあの方はかわいそうなものだ。　371

218 きてわ　どんどん　あまどを　たたく
こころ　まよわす　にしの　かぜ

来てはどんどんと雨戸をたたく、心を迷わせる西の風。
大島節　大正

219 きてわ　ひやかし　かずのこやろう
どこの　にしんの　こどもやら

来ては冷やかし、カズノコ野郎。どこのニシンの子どもなのやら。

ひやかす＝干しカズノコを水でもどすこと。ニシンは島にはないからヨソモノだということ。

220 きのね　まくらに　つばきの　したで
かわい　あのこと　よう　あかす

木の根を枕に、椿の下で、かわいいあの人と夜を明かす。
よう＜よを

221 きのね　まくらに　はちじょうがしまで(の)
わたしゃ　つばきの　したに　ねる

木の根を枕に、八丈島で(八丈島の)私は椿の下に寝る。昭和初期。

222 きょうわ　うれしい　みなさんと　いちざ

あすも　いちざが（この　ざが）　あれば　よい

きょうはうれしい、みなさんと一座。あすも一座が（この座が）あればよい。
明治

223 きょうわ　うれしい　みなさんと　いちざ
あすわ　どなたと　いちざやら

きょうはうれしい、みなさんと一座。あすはどなたと一座やら。

224 きょうわ　わがえの　おやきょうだいと
わかれて　このやの　ひとと　なれ

きょうはわが家の親きょうだいと別れて、この家の人となれ。
親が歌う躾の歌。オチカばんまがよく歌った。　明治以前

225 きょねん　おととしゃ　おどらっち　さまも
ことしゃ　とうろうの　ふさと　なり

去年やおととしは踊ったあの人も亡くなり、ことしは灯篭の房になってしまっている。
おどらっち＜おどりありし＝「き」過去形　明治以前

226 きりょうじまんで　すますじゃ　ないが
かわい　あのこが　おじゃるゆえ（あのこの　まい　かねて）
器量自慢ですましているわけではないが、かわいいあの人がいらっしゃるから（あの人のまえなので遠慮して）。
明治以前

227 ぎりわ　ここのつ　なさけわ　ななつ
あわせ　じゅーろく　さまの　とし
義理は九つ、情けは七つ、あわせて十六、あなたの年。
樫立の太田大丈夫さんの十八番　明治以前

228 きれる　ものかよ　はなれる　ものか
こんな　くろうで　そいながら
切れるものか、離れるものか。こんな苦労をして添ったのに。　036

229 くどきもんくに　つい　ほだされて

いまじゃ　こうかい　ほとどぎす

口説き文句についほだされたが、いまでは後悔して、夜も昼も泣き暮らしている。
ホトトギス＝夜昼ないて暮らしているということ。

230 くるか　くるかと　まつ　よにゃ　こぬが
またぬ　よに　きて　まよわせる

来るか来るかと待つ夜には来ないが、待っていない夜に来て困らせる。
トメノおばがよく歌った。　明治以前　502

231 くれりゃ　つき　ほし　あけれや　このは
あんじ　くらすも　えじまゆえ（あなたゆえ）

暮れれば月星、明ければ木の葉、案じて暮らすのも江島ゆえ（あなたゆえ）。
明治以前　086　087　405

232 くろい　かみのけ　ながさわ　せたけ
かわい　あのこわ　しまそだち

黒い髪の毛、長さは背丈ほども。かわいいあの娘は島育ち。

233 こいが　よく　にた　くる　はずぁ　ないが
かみの　めぐみか　めぐりあう

声がよく似ている、来るはずはないのだが。神様のお恵みかめぐり会うことができた。

明治以前

234 こいしまぎれに　この　うた　ひとつ
おもって　たもうれ　いつまでも

恋し紛れにこの歌をひとつ。思ってください、いつまでも。

235 こいしまるより　しらたまよりも
おもいだそじゃやナ　またむかしょ

コイシマルよりも、シラタマよりも、思いだすなあ、マタムカシを。

マタムカシ＝コイシマル、シラタマなどとともに蚕の品種名。キンコなどとともに良質の糸だった。昔なじみの意味とかけている。

138

236 こいじゃ　よばれず　てじゃ　まねかれず

ささの　のざさの　ほで　まねく

声ではあの人を呼ぶことができず、手では招くことができず、笹の野笹の穂を使って招く。

明治以前

237 こいと　やーてい　いかりょか　えどい
あいの　だいかわ　きに　かかる

来いと言ったって、簡単に行けるものか江戸へなんて。あいだの大川が心配で。

やーていへいひありても

238 こいと　ゆー　じを　ぶんせきすれば
いとし　いとしと　ゆー　こころ

戀という字を分析すれば、糸し糸しと言う心。

大正

239 こいに　おちたる　つばきの　あぶら
みずを　さすよな　じゃまわ　ない

恋におちた椿の油に、水をさすようなじゃまはない。
明治以前

240 こいに　こがれて　なく　せみよりも
なかぬ　ほたるが　みを　こがす

恋にこがれて鳴くセミよりも、鳴かないホタルのほうがむしろ身をこがしている。
オカネばんまがよく歌った。　明治以前

241 こいの　かれたも　みの　やつれたも
それも　だれゆえ　あなたゆえ

声がかれたのも、身がやつれたのも、それもだれのせい、みんなあなたのせい。
明治以前

242 こいの　たつほど　わがみの　たたば
こいを　ちじめて　みを　たてる

声(恋)が立つほどにわが身が立つのなら、むしろ声(恋)のほうを縮めて身を立てたい。

明治以前

243 こいわ　する　すみ　みわ　ほそふでよ
いのちゃ　あなたに　かけすずり

恋（濃い）はする（磨る）墨、身は細筆、命はあなたにかけ（懸・掛）硯。
かけすずり＝掛子式の硯箱　明治以前

244 こいわ　すれども　すがたわ　みえぬ
さまわ　たにのの　ほととぎす

声（恋）はするが姿は見えない。
あなたは谷野のホトトギス。
明治以前

245 こうわ　なしおけ　やまにも　エにも
ななつぐらより　こわ　たから

子どもは生んでおけ、畑にも家にも。
七つの倉よりも子どもは宝だ。

246 ごきや　ななちゃわ　めげーに　ふそに
さまと　わたしわ　とこに　ふす

御器や飯茶碗は水切りにふせるけれど、あの方と私はいっしょの床にふす。

247 ごけと　にわとりゃ　しのまで　なこに
しんでから　なく　ほらのかい

後家とニワトリは死ぬまでなくのに、ホラ貝は死んでからなく。
熊おじの兄の三右エ門さんの十八番　大正？

248 ごけめ　あんまいだれ　いっしゅーきも　こぬに
しんだ　ほとけの　まい　すまぬ

後家よ、あんまりだ、一周忌も来ないのに。死んだ仏のまえで済まないではないか。
力なしの強調形　明治以前

249 ここう　ぬぶろに(のぶろに)　やめろか　つぐめ
あんせい　やめいし　やくじゃもの

こんなところを登るのに痛むのか、膝よ(嫁にたとえて)。どうして痛むものですか、仕事ですもの。

あんせいやめいし=反語形式　明治以前

250 ここに　ならぼも　エんでか　ならべ
エんが　なければ　ならびゃせぬ

ここに並ぶのも、縁があってこそ並ぶのだ。縁がなければ並びはしない。

力強調形　明治以前

251 ごしゃく　たけなす　みどりの　かみに
つばき　はな　さく　はちじょじま

五尺の丈なす緑の髪に、椿の花が咲く八丈島。

252 ごしゃく　たけなす　みどりの　かみを
といて　からまる　ふかなさけ

五尺もの長さの緑の黒髪を、解いてからまる、深情け。

昭和初期?

253 ことしゃ　よけ　とし　ほうねんどしで

ますわ　いらねで　みで　はかる

ことしはよい年、豊年の年で、小さな升などは不要で、まとめて箕で計る。

オカネばんまがよく歌った。　明治以前

254 このナ　はんけじーわ　よに　しょうばいの

なくて　ねいもかんごう　ほろうのか

このハンケ爺は、世間に仕事がなくて、ヤマイモのムカゴなんかを拾うのか。

はんけ＝ばか　明治以前

255 こわい　みねさか　こえてわ　きたが

またも　なかせる　たにが　ある

あんなにこわい峰坂をやっと越えては来たが、さらにまた私を泣かせる谷がある。

嫁はいつになっても苦労がたえないということ。

256 こんな　こいしい　はちじょう（はちじょを）　すてて

どこえ　なにしに　おじゃるやら
こんな恋しい八丈を捨てて、どこへなにをしにいらっしゃるのやら。
茂手木八百一の作、昭和二年?·ビクターがレコード化

257 こんな　すみよい　はちじょを　すてて
どこで　あにょ　して　くらしやろ
こんな住みよい八丈を捨てて、どこでなにをして暮らしていらっしゃるのですか。

258 こんな　どこまで　みねさか　こえて
きたのに　あわずに　かいさりょか
こんなところまで峰坂を越えて来たのに、会わないで帰すことができますか。
明治以前　558

259 さがみや　ならいで　ひろさきや　にしで
あいの　しもだわ　だしに　ふく
相模はナライ(北東の風)で、弘前はニシ(西風)で、下田はダシ(船出によい風)に吹く。
帆前船のころ。「あいの」は、愛・藍の意味か。間では不自然　明治以前

260 さくらと ゆーじを ぶんせきすれば
にかいの おんなが きに かかる

櫻という字を分析すれば、二階(貝)の女が気(木)にかかる。

261 さけが うまいか なかまが よいか
さけわ なかまで うまく のむ

酒がうまいか、仲間がよいか。酒は仲間でうまく飲む。
明治 104 105 106

262 さけさえ のんだら みわ はだかでも
にとめ さんとめ きた こころ

酒さえ飲んだら、この身は裸でもニトメ、サントメを着たような心地だ。

ヤヘイジトトウがよく歌った。サントメ=サントメ縞の着物。ニトメ、サントメ=いい着物を着たような気分ということか。 104 105 106

263 さけと なずけた(なが つく) きちがいみずを

だれが　のませて　さわがせろ

酒と名づけた(名がつく)気違い水を、だれが飲せてさわがせるのか。

明治　104　105　106

264 さそわ　かんざし　いれるのわ　かもじ

おとこ　まかせの(なかせの)　まげ　しまだ

さすのはカンザシ、入れるのはカモジ、男まかせの(泣かせの)髷、島田。あるいは、男泣かせの投島田(なげしまだ=傾城好みの派手な髪風)か。　明治以前

265 さとの　はやしわ　しょめまめばやし

みつねの　はやしわ　しんじゅ　はる

大賀郷のお囃子は、しょめまめ囃子、三根のお囃子ならシンジュ(親の名)の子のハル(人名)が一番だ。

しょめ節をすこしかわった節で歌ったので、しんじゅはる節とよばれた。「ハ、ショメママメ、シンジュハル」とはやした。つねよし節というのもあった(わするまいぞえ〜)。　しんじゅはる節　明治

266 さまが　かさなら　わしゃ　みのと　なり
ともに　しゃちくを　よけて　すむ

あなたが傘なら、私は蓑となって、ともにひどい雨をよけて暮らす。

267 さまと　すめたりゃ(そえたら)　ほうエんごしの
ままの　したでも　いとやせぬ(こわくない)

あなたと住めたなら(添えたら)ホウエン越しの崖の下でもいといはしない(こわくはない)。

まま＝崖の古語　明治以前　134

268 さまと　わかれて　まつばら　ゆけば
まつの　つゆやら　なみだやら

あなたと別れて松原を行くと、松の露なのか、涙なのかわからないほどに濡れてしまった。

明治以前

269 さまと　わたしわ　こめなら(さけなら)　ごんご

はやく　いっしょに　なれば　よい

あなたと私は米なら(酒なら)五合。はやく一升(一緒)になればよい。

明治　381　382　383

270 さまの　たばこの　けむりと　なって

はらの　なかまで　さぐりたい

あなたのタバコの煙になって、腹のなかまでさぐりたい。

明治

271 さまの　ためなら　くろうと　ゆー　じょ

だくと　ゆー　じに　おきかえる

あなたのためなら、苦労という字を楽という字に置きかえる。

272 さまの　ためなら　ねぶたちがらも

かのき　こえだも　こわかない

あなたのためならツルソバも桑の木の小枝もこわくはない。

ツルソバという草の古い茎や桑の枝は、堕胎に使用された。　215　496

273 さまの　でふねを　みおくりながら
またの　おうせの　ちぎりぐさ
あなたの出船を見送りながら、またの逢瀬のちぎり草。
明治以前

274 さまの　よぶ　ねを　わすれわ　せねど
おやの　まえから　たちにくい
あなたのよぶ音を忘れたわけではないが、親のまえから立ちにくいのです。
オキばんまがよく歌った。　すがる　明治以前　675

275 さまわ　さとから　わしや(みわ)　みつねから
はなしょ　しやろうじや　なかみちで
あなたは里(地名)から、私は三根から。話をしましょうよ、中道(地名)で。　027

276 さまわ　まさむね　わしや　さびがたな
さまわ　きれても　わしや　きれぬ

277 さまわ　みね[の]まつ　わしゃ　たにの　ふじ
ふられながらも　からみつく

あなたは名刀正宗だけど、私は錆刀。あなたは切れても、私は切れませんよ。
大正末〜昭和

あなたは峰の松、私は谷の藤。あなたにふられながらもからみついている。
明治以前?

278 さんやさまかよ　みかずきさまか
よいに　ちらりと　でたばかり

三夜さまか、三日月さまか、宵にちらりと出たばかり。
三夜さま＝旧暦の二三日　明治以前

279 さんやさまにわ　しんがん(ほつがん・ふつがん)　かけて
ろくやさまにわ　そうように

三夜さまには心願(発願)かけて、六夜さまには添えるように。

三夜さま・六夜さま＝とくに戦争中、毎月旧の二三日と二六日に大神宮や八幡様に月が出るまでこもって、出征した息子などの無事を祈った。　明

治以前

280 しかくばったる　ゆーびんばこわ
ふみの　やりとりょ　して　くれる

郵便箱は四角ばっているけれど、恋文のやりとりをしてくれる。

281 ししゃく　しびょうの　やみょ　する　よりも
ひんよ　するのが　わしゃ　こわい

四百四病の病気をするよりも、貧乏をするのが私はこわい。
明治以前

282 じせつ　すぎれば　うぐゆすさえも
うめを　はなれて　やぶで　なく

時期がすぎればウグイスさえも、梅を離れて藪で鳴く。
明治以前

283 しちょうちょうにわ　こりや(あの)　なすが　なり

うちにゃ　きゅーりが　なりさがる

支庁長にはナス（那須）がなり、うちにはキュウリがなりさがる。

昭和四年、当時の支庁長島倉季之に対する排斥運動の結果、後任として那須時夫が来任したのをよろこんで歌った。

284 しちょうゆそつが　へいたいならば（なれば）
でんしんばしらに　はなが　さく

輜重輸卒が兵隊ならば、電信柱に花が咲く。

285 しちょうゆそつが　へいたいならば（なれば）
やいた　さかなも　でて　およぐ

輜重輸卒が兵隊ならば、やいた魚もでて泳ぐ。

大正〜昭和

286 しぼー　しだ　かれ　ごみょ　ごだ　つけろ
やすも　ひまにわ　ぞうりょ　くめ

マグサを四駄刈れ。薪を五駄つけろ。休むひまには草履をくめ。

しば＝牛などの餌にするマグサなどの葉で、これを刈るのがシバカリ　ごみ＝薪のこと　明治以前

287 しまと　ながつきゃ　どの　しまも　かわい
わけて　としまわ　なを　かわい

シマと名がつけばどの島もかわいい。わけても利島(年増)は、なおかわいい。
大島節　明治以前

288 しまと　ゆー　じわ　とりへんに　やまよ
とりわ　とんでも　やま　のこる

嶋という字は鳥偏に山だ。鳥は飛んでも山は残る。
明治

289 しもだ(とうきょ)　よい　だしゃ　よなかにゃ　みやけ
あけりゃ　はちじょの　なだを　こす(ばらす　ふむ)

下田(東京)を宵に船出すれば、夜中には三宅。明ければ八丈の灘を越す(砂利を踏む)。
さつま　明治

290 しゅーと　かみなり　こじゅーと　なずま
よめわ　しゃちくの　めなだ　あめ

姑は雷で、小姑は稲妻のようなもの。嫁は大雨のような涙を流しても辛抱するものだ。
なずま＝語頭のイは歌では聞こえない。

291 じゅんさ　ころすにゃ　はものわ　いらぬ
あめの　とうかも　ふれば　よい

巡査を殺すには刃物はいらない。雨の十日も降ればよい。
明治後期　007　012

292 しょいこう　しっちょって　まがもー　さげて
おみゃナ　わそどーか　しばかりー

ショイコを背負って、鎌を持って、あなたは行くのですか、マグサ刈りに。
しっ＝強調形　まがま＝鎌　わそ＝おわすに由来する行くの丁寧語
明治初期

293 じょろうも　かいやれ　うわきよも　しやれ
さまの　ためなら　くにゃ　ならぬ

女郎も買いなさい、浮気もしなさい。あなたのためなら、苦にはならない。

明治初期

294 しんしゅ　しなのの　しんそばよりも
わたしゃ　あなたの　そばが　よい

信州信濃の新そばよりも、私はあなたのそばがよい。

オホヨおばさんがよく歌った。　明治後期？　309

295 しんぼ　しなされ　しんぼう　しやれ
しんぼ　する　きに　かねわ　なる

辛抱をしなさい。辛抱する木に、金はなる。

明治以前

296 すいしゃ　さんねん　ようさんば[わ]　にねん

みせわ　やつきで　ちゃちゃむちゃく

水車は三年、養蚕場は二年、そして店は八カ月でつぶれてしまった。欧州種のフランスという蚕の種を最初にもってきたという、イチカワ爺＝イチカワ先生を歌ったもの。イチカワ爺とは、埼玉は熊谷の人で、明治初期に初めて八丈島に、在来種ではない、よその蚕種をもってきた。明治末〜大正初期

297　すいちゃ　おれども　すかれちゃ　いない
いその　あわびで　かたおもい

好いてはいるけど、好かれてはいない。磯のアワビとおなじで片思い。
大正

298　すいて　すかれて　そうのが　エんで
おやの　さだめわ　エんじゃない(なく　エんだ)

好いて、好かれて、添うのが本当の縁であって、親が決めたのは縁なんかではない(泣く縁だ)。

明治以前？　458

299 すずりの　すみよわ　こく　すりたれど
おちる　なみだで　うすく　なる

硯の墨は濃くすったけれど、落ちる涙で薄くなる。
巻紙で手紙をかいた時代

300 すもうさんにわ　どこ　よーて　ほれた
けいこもどりの　みだれがみ

お相撲さんにはどこがよくて惚れたの？　稽古の帰りの乱れ髪に。

301 すもうじゃ　まけても　けがさえ　なけりゃ
ばんにゃ　わたしが　まけて　やる

相撲では負けても、ケガさえしなければ、晩には私が負けてあげる。
しゃっぺん節

302 すもうとりとわ　おーきな　とりで
とりにゃ　とりだが　はねが　ない

相撲トリとは大きなトリで、トリはトリだが、羽がない。

303 せけん　わたるにゃ　とうふの　ように
まめで　しかくで　やわらかく

世間を渡るには、豆腐のように、マメ(誠実・勤勉と豆)で四角でやわらかく。
明治以前

304 せなか　そむけて　ねて　いた　はずが
いつ　させたやら　てまくらを

背中をそむけて寝ていたはずなのに、いつさせたんだろう、手枕なんて。
芸者遊びの粋な歌。トメノおばがよく歌った。　明治以前

305 せぬい　わきぬい(せのめ　わきのめ)　よく　しあげても
つまの　しあげわ　むつかしい

背縫い脇縫いを(背の目脇の目を)いくらよく仕上げても、褄の仕上げ(嫁として勤め上げること)はむずかしいものだ。
嫁が歌う歌　明治以前　515

306 せぬい　わきぬい（せのめ　わきのめ）　よく　したてても
つまの　ですぎわ　みぐるしい

背縫い脇縫いを（背の目脇の目を）いくらよく仕立てても、褄（妻）の出すぎは見苦しいものだ。

親が歌うしつけの歌　515

307 せんり　さきから　とどくも　うれし
きょうの　ひずけの　ねんがじょう

千里先から届くのもうれしい。きょうの日付の年賀状。

308 せんりょ　まんりょの　かねい　ふりすてて
どけい　おじゃろナ　おみえどの

千両、万両の金をふりすてて、どこへいらっしゃるのか、オミエ殿よ。
早死にして大金だけがのこった末吉の人を悲しんで歌った。末吉ではやった歌。明治

309 そばが　よいかい　うどんが　よいか

わたしゃ　あのこの　そばが　よい

そばがよいか、うどんがよいか。私はあの人のそばがよい。
あのこ＝男女ともに使用。　明治以前　294

310 だいくさんとわ　なわ　よいけれど
しんの　こころわ　まがりがね

大工さんとは、名はよいけれど、真の心は曲がりがね。
明治以前

311 だいくさんより　こびきさんが　にくい
なかの　よい　きを　ひきはなす

大工さんより木挽きさんがにくい。仲のよい木(気)を引きはなす。
明治以前

312 だいて　だかれて　ねた　よも　ござる
せなか　そむけた(ないて　あかした)　よも　ござる

抱いて抱かれて、寝た夜もあります。背中をそむけた(泣いて明かした)夜もあります。

トメノおばがよく歌った。　明治以前

313　だいて　ねかせて　てまくら　させて
おちち　のませた　おや　みたい

抱いて寝かせて、手枕をさせて、お乳を飲ませた、あの人の親を見てみたいものだ。
明治以前

314　たけに　うぐいす　うめにわ　すずめ
これが　きちがい　とりちがい

竹にウグイス、梅にはスズメ。これが木(気)ちがい、鳥(取り)ちがい。
明治

315　たけの　いっぽんばしや　にど　わたるとも
かかるまいぞえ　ままはーにゃ

渡れるわけのない竹の一本橋をたとえ二度渡ったとしても、継母などには育てられたくない。

316 たこにゃ　ほね　ない　たまごにゃ（なまこにゃ）　め　ない
わたしの　さいふにゃ　かねが　ない

タコには骨がない。タマゴには（ナマコ）には目がない。私の財布には金がない。
マスジおじがよく歌った。　明治

317 たこにゃ　ほね　なし　たまごにゃ（なまこにゃ）　め　なし
わたしゃ　こどもで（じゅーくで）　いろけ　なし

タコには骨がない。タマゴには（ナマコには）目がない。
私は子どもで（十九で）色気がない。
マスジおじがよく歌った。　明治

318 たこの　ぶなりか　いそなみおとか
かわい　わがこの　あしおとか

凧が風でうなる音か、
磯の波の音か。
かわいいわが娘の足音か。

嫁にいった娘がモチイ(餅)や米をもって正月を祝ってもどってくるのを楽しみにしながら、親が歌った。凧あげは正月の遊びで、凧には音が出る細工がしてあり、その音を楽しんだ。次ページの挿絵は為朝凧(画・福田実)。

明治以前

319 たてば　しゃくやく　すわれば　ぼたん
あるく　すがたわ　ゆりの　はな
立てばシャクヤク、座ればボタン、歩く姿はユリの花。
明治以前

320 たてば　ぶちうす　たらがりや　するす
えーも　ふーつきや　どろあひる
立てば打ち臼、座れば摺り臼。歩く格好は泥だらけのアヒルのようだ。
たらがりや＝腰を下ろせば　えーも＝あゆも

321 たとえ　おうさかに　おにじやが　でても
かしたてがよいわ　やめられぬ
たとえ大坂峠に鬼や蛇が出ても、あの娘がいるから樫立通いはやめられない。

明治以前

322 たにん　おそろし　やみよわ　こわい
おやと　つきよわ　いつも　よい

他人はおそろしいし、闇夜はこわい。親と月夜はいつもよい。
嫁が姑を、姑が嫁を歌った歌。オキばんまがよく歌った。　明治以前

323 たねわ　たねだよ　なんきんだねが
たごべい　しゃがらに　できや　せぬ

種はやっぱり種だよ。南京イモの種が、タゴベイやシャガラにできはしない。

嫁をとるときは親をみてとれという意味。ナンキンもふくめてみなサトイモの種類だが、タゴベイは、茎は太く紫色で、イモがひとつで丸くきれいにできる。シャガラは、カラ(茎)が白く、茎の黒いクロイモと同様、正月料理の小イモにつかった。黒い斑点のあるのがシャガラで、斑点のないのがシロシャガラ。熊おじがつくるサトイモはとてもおいしい。　明治以前

324 たばこ　たもうらば　はたばこ　たもうれ
きじゃみたばこにゃ　エんが　ない

タバコをくださるなら、葉タバコをください。きざみタバコには縁がない。
あきた　明治

325 たんご　まだらに　くろエりょ　かけて
きろわ(も)　だが　かげ　おやさまの(わが　おやの)

丹後(黄八丈)の晴れ着に黒衿をかけて着るのはだれのおかげ、親さまの(わが親の)。
まだら＝晴れ着　黒衿の素材は、ガスハチ、キヌハチ、シス(繻子)、ビロウド　明治以前

326 ちゃかれた(われた)　ななちゃの　かけらを　ほれい
つきか　すのうと　のせて　みる

割れた飯茶碗のかけらを拾って、くっつかないかなあと、のせてみる。
ちゃかれた＝割れた　ななちゃ＝蓋つきの飯碗。末吉でナラチャとも。奈良茶碗。つきか　すのう＝疑問カの係り結び

327 ちょいと　しょめぶしゃ　かしかみぞらで
あめも　ふろじゃナ　しょぼしょぼと

ちょいと、しょめ節はカシカミ空(うろこ雲の空)で、雨も降るねえ、しょぼしょぼと。

カシカミ空はすぐ雨がふり、さびしい気持ちをうたったもの。カシカミとはブダイで、カシカともいい、うろこがおおきな赤黒い魚。明治以前？

328 ちょいと(よいと)　しょめぶしゃ　どこから　はやる
いずの　しもだの　じょろやから

しょめ節はどこからはやるの？　伊豆の下田の女郎屋から。明治三〇年頃？　303

329 ちょーし　かえます　はばかりながら
うたの　もんくわ　しらねども

はばかりながら歌の調子を変えますよ。歌の文句は知らないけれども。別の歌にかえるときの歌　明治以前

330 ついて　おじゃれよ　この　ちょうちんに(はちじょがしまえ)
けして　くろうわ　かけやせぬ

ついていらっしゃいよ、この提灯に（八丈島へ）。けっして(火を消して)苦労をかけはしないから。

このちょうちんにが本歌で(火を)消してとかけてあるが、八丈島へは雨情

のころの替え歌で、これだとかけことばにならない　明治以前

331 つきと　どうしに　くすひりー　でいしが
つきわ　はや　でて　まつの　かげ

月といっしょに大便しに出ていくつもりだったが、月はもう松のかげにあり、暗くなってしまった。

どうしに＝同士に　くすひりー＝糞ひりへ　でいしが＝希望形式

332 つきと　どうしの　やくそくだろが（に）
つきわ　はや　でて　まつの　かげ

月と一緒にという約束なのに、月はもう出てしまって、松のかげにいる。

～だろ（が・に）＝～どー（が・に）の古形　明治以前

333 つきに　むらくも　はなにわ　あらし
わかい　おなごにゃ　こが　どくよ

月には群雲が、花には嵐が、そして若い女性には子（妊娠）が毒になる。

オチカばんまがよく歌った。　明治以前

334 つきの　まるさと　こいじの　みちわ
エども　はちじょうも　おなじこと

月の丸さと恋路の道は、江戸も八丈もおなじこと。

335 つきみょ　たのしめ　べんきょう　しやれ
ぜんエみいなばで　あうように

月見を楽しみにして勉強をしなさい。ゼンエモン稲葉（盆踊りをした場所）で月見のときに会えるように。　明治以前

336 つきよ　やみよと　ゆわずに（とわずに）　おじゃれ
わしの　ねどこわ　いつも　やみ（いつも　つばきの　したわ　やみ）

月夜、闇夜と言わないでいらっしゃい。私の寝床はいつも闇だから（いつも椿の下は闇だから）。　明治以前

337 つきわ　やまばに　すばりわ　にしに
おもう　とのごわ　まだ　エどに

月はお山(三原山)のほうに、昴は西のほうに。そして私が思う殿御はまだ江戸に。
おけさ・あきた　明治以前

338 つばき　はな　さく　はちじょうがしまで
すいた　どうしの　しんじょたい

椿の花咲く八丈島で、好いた同士の新所帯。
野口雨情？　昭和初期

339 つめで　つねって　めで　しらせても
さとらないのか　つまさまわ(しらんかを)

爪でつねったり、目で知らせたりしても、気づかないのか、この方は(知らん顔だ)。
039　069

340 つらい　ときにも　かなしい　ときも
でろわ　なみだと　うたばかり

辛いときにも、悲しいときも、出るのは涙と歌ばかり。

341 つれて　ゆくよと　また　だまされて
わたしゃ　そこどの　すておぶね

連れていくよと、まただまされて。私は底土の捨て小船
野口雨情

342 とうい　ながみち　みねさか　こえて
あいに　きたのに　なで　あわぬ

遠い長道を、峰や坂を越えて会いに来たのに、なぜ会ってくれないの。

343 とうく　はなれて　あいたい　ときにゃ(わ)
つきが　かがみに　なれば　よい

遠く離れて会いたいときは、月が鏡になればよい。
昔おけさ

344 とうく　はなれて　たがいに　しんぼ
よでわ(うおじゃ)　なけれど　みずに　すむ

遠く離れて、たがいに辛抱。しかし一方では、魚ではないけれど、見ずに(水に)すむ。

345 **どうせ　いく　ひと　やらねば　ならぬ**
せめて　なみかぜ　おだやかに

どうせ行く人なんだから、出してやらなければならない。それならば、せめて波風はおだやかに。

029

346 **どうらく　こを　もちゃ(むすこわ)　かじより　こわい**
かじじゃ　たはたわ　やけやせぬ

道楽の子を持つのは(道楽息子は)火事よりもこわいもの。火事なんかでは田畑は焼けたりしない。

042

347 **とけいの　はりさえ　ときどき　あをに**
さまと　わたしわ　なぜ　あえぬ

時計の針さえときどき合うのに、あなたと私はなぜ会えないの。

348 としが　あわずと　きがせー　あわば
そうて　としえいよ　すれば　よい

年が合わなくても、気さえ合うなら、つれ添って生活をすればよい。
きがせー＝主格ガ＋とりたてセー　としえい＝渡世　475

349 としわ　とっても　ころかりながら(すけけんじょうで)
どっこいしょ　どっこいしょで　はるお　する

年はとってもコロカリながら(元気いっぱいで)どっこいしょどっこいしょで蚕を飼う。

ころかりながら＝ふらふらしたり、這ったりして歩くこと　はる＝養蚕

350 としわ　とっても　めわ　かすんでも
こいわ　ますます　まだ　さかん

年はとっても、目はかすんでも、声(恋)はますますまだ盛んだ。

351 としわ　よりくる　みわ　おもく　なる
ひとの　なさけわ　うすく　なる

年は寄ってくる。身は重くなる。そして人の情けは薄くなる。

352 どっこいしょ　どっこいしょで　みが　ままならぬ
はやく　いきたきゃ　さきの　よえ

どっこいしょ、どっこいしょで、身がままならない。はやく行きたい、先の世へ。

353 とどけたいぞえ　わが　つまさまに
いつも　かわらぬ　この　ねいろ

届けたいものだ、私のあの方に。いつも変わらないこの太鼓の音色を。

354 とどけたいぞえ　わが　つまさまに
わがな　おもいを　じに　かいて

届けたいものだ、私のあの方に。私の思いを字に書いて。

438〜443

355 とめの　とめよしょ　よけこに　たてて

ひこさく　おしのーわ　どう　なさろ（なさる）

トメノ、トメヨシを好い子にして、ヒコサクのオシナはどうなさるの？

トメノとトメヨシは双子の姉妹で、小柄で人気があった。ヒコサクの娘のオシナは、体が大きくて美人だったが、それほどはもてなかった。オシナドノ、オシナバと呼ばれていた。男に、オシナの相手はいないかときく歌。

356 とめる　おなごを　わるいと　ゆえど
かわい　ぬしさんが　おじゃる　ゆえ

あなたを泊める女を悪いと言うけれど、かわいいあなたがいらっしゃるから。

357 ともこ　ともだち　よく　きを　つけろ
ことしゃ　うるうの　もどりどし

みんな、よく気をつけなさいよ。ことしは閏年の翌年だから。
閏年の翌年は、アシダノ　チブモ　ハラメン　ナル（足駄の歯でさえ妊娠する）。

358 とりも　かよわぬ　はちじょがしまで
どーして　つきひお　おくるやら

鳥もかよわない八丈島で、どうやって月日を送るやら。

359 どんな　おいしゃの　がんやくよりも
かわい　あのこと　そゐや　なおる
どんな医者の丸薬よりも、かわいいあの人と添えば治る。
あのこ=男女ともに使用。そゐや sowja<sowe ja

360 ないた　なみだの　かわかぬ　うちに
またも　なかせる　あけがらす
泣いた涙がかわかないうちに、またも泣かせる明けガラス。
カラスの鳴き声が悲しく聞こえる。

361 ないて　くれるな　でふねの　ときにゃ
おきで　ろかいが　てに　つかぬ
泣いてくれるな、出船のときには。沖で櫓や櫂が手につかないから。

362 ないて　くれるな　でふねの　ときにゃ

からす　なくさえ　きに　かかる

泣いてくれるな、出船のときには。カラスが鳴くのさえ気にかかるから。

363 ながい　うきよに　みちかい　いのち

はなの　さかりを　かごの　とり

長いうき世に短い命なのに、花の盛りを篭の鳥ですごすなんて。

364 なかと　ゆー　じも　いろいろ　あれど

あなたと　わたしわ　ふかい　なか

ナカという字もいろいろあるけれど、あなたと私は深い仲。

365 なくな　なげくな　うきよわ　くるま

ながい　じせつにゃ　まわりくる

泣くな嘆くな、うき世は車のようなもの。長い時節にはよいことも回ってくる。

503　646　647

366 なくな　なげくな　なみかぜ　たてて
いしも　もまれて　まるく　なる

泣くな、嘆くな。波風をたてて、石ももまれて丸くなるのだから。
東山(三原山)の周囲の海岸には玉石がおおい。

367 なぜか　みなさん　おすましなさる
きりょうじまんか　うぬぼれか

なぜかみなさん、おすましなさる。器量自慢か、うぬぼれか。

368 なつわ　きの　した　かんちゅーにゃ　こたつ
はなれられない　ぬしの　そば

夏は木の下が、寒中にはこたつが気持ちいいように、わたしはあなたのそばを離れられない。

369 なにを　こしゃくに　うたよみどころ
なれが　こしょ　みろ　いもたつみ

なにをこしゃくに歌よみどころとは！　おまえの腰を見ろ、イモタツミのように不格好だ。

イモタツミは、塩ゆでしたサトイモをいれたりする、目のあらい箕の一種。
なれ＝二人称の喧嘩ことば　372

370 なぶし　かくすな　やまなか　すすき
やがて　ほに　でりや（でて）　あらわれる

隠しても無駄だ、山中のススキのように、やがて穂に 出れば（出て） わかってしまう。
なぶしかくすな＝なぶすもかくすの意で同義語をかさねた表現　217

371 なぶれ　かくれに　おじゃらっち　さまも
いまわ　あしだで　ちょうちんで

隠れながら私のもとに通っていらっしゃったあなたも、いまは堂々と足駄で提灯で。
なぶれる＝かくれる　おじゃらっち<おじゃりありし＝「き」の過去形

372 なまいきよ　こかすな　しんべたよじれ
なれが　こしよ　みりや（みろ）　いもたつみ

生意気を言うな、尻べたよじれめ。おまえの腰を見れば（見ろ）イモタツミのように不格好だ。

なれ＝二人称の喧嘩ことば　イモタツミ＝369参照。　369

373 なみを　まくらに　ひとよが　あけりや
ここわ　みつねの　かんみなと

波を枕に一夜が明ければ、ここは三根の神湊。
東海林太郎？　394

374 なみを　まくらに　ひとよが　あけりや
つばき　はな　さく　はちじょしま

波を枕に一夜が明ければ、椿の花が咲く八丈島。　394

375 なれい　ちくしょう　みて　おけ　すエい
わらにんぎょうに　ごすんくぎ

こいつめ、この畜生、そのうち見ていろよ。藁人形と五寸釘で呪ってやるからな。
呪いの歌　なれい〈なれを＝感嘆文　すエい＝末を

376 なんみょうほうれんげきょうで　びょうきのナ　なをらば
いしゃも　くすりもナ　いらぬもの

南無妙法蓮華経で病気が治るのなら、医者も薬もいりはしない。
それまで浄土宗だけだったところに日蓮宗がはいってきたころの歌

377 にくい　やつだよ　あの　きりぎりす
おもいきれ　きれ　きれと　なく

にくたらしいやつだよ、あのキリギリスは、思い切れ切れ切れと鳴いている。

378 にくい　やつめの　しんせつよりも(ねこなでよりも)
かわいい　あのこの　むりが　よい

にくたらしいやつの親切よりも(猫なで声よりも)、かわいいあの人の無理がよい。
525

379 にねん　まちやれ　さんねんめにわ
ゆって　みせます　まるまげに

二年お待ちなさい。三年目には結ってみせます、丸髷(嫁入りの髪型)に。
468　469　495

380 ぬしと　すむなら　おっちょがはまの
いわの　やかたも　いとや　せぬ
あなたと住むなら、乙千代が浜の岩の粗末な家もいといはしない。

381 ぬしと　わたしわ　こいちゃの　でばな
よそで　みず　さしゃ　うすく　なる
あなたと私は濃い(恋)茶の出端。よそで水をさせば薄くなる。
269

382 ぬしと　わたしわ　すずりの　すみよ
よそで　みず　さしゃ　うすく　なる
あなたと私は硯の墨よ。よそで水をさせば薄くなる。
269

383 ぬしと　わたしわ　はおりの　ひもよ
かたく　むすんで　むねに　だく

あなたと私は羽織の紐よ。かたく結んで胸に抱く。
269

384 ねこにゃ　かつーぶし　なく　こにゃ　おちち
わがナ　だんなにゃ(かわい　あのこにゃ)　さけが　よい

ネコには鰹節、泣く子にはお乳。そして、うちのだんなには(かわいいあの人には)酒がよい。

385 ねこにゃ　かとうぶし　めならべにゃ　まだら
かまどにゃ　むすくび　えにわ　よめ

ネコには鰹節、娘には晴れ着。囲炉裏にはムスクビ(四隅からおいた太い薪)、そして家には嫁が大切だ。

かとう＝かとを<かたいを　めならべ＝めのわらべ

386 ねこの　けんかと　ごがつの　せっく
しょうぶ　さすのわ　やねの　ううぇ

ネコのけんかも五月の節句も、勝負(菖蒲)をさすのは屋根の上。八丈ではヨモギとマクサ(八丈ススキで牛の餌)をいっしょにして屋根にさした。島にショウブはない。

387 ねっこけ　ときにわ　かさねぎょ　せーて
ぼうく　なろしゃん　たけの　かわ

小さいときには重ね着をさせて、大きくなるにしたがって竹の皮のように薄着に。ぼうく＜おほく　なろしゃん＝シャンは方向をあらわす助辞で、動詞について経過の意味をあらわす

388 ねても　ねむたい　じゅーしちはちわ
みずの　なかにも　ねて　いたい

いくら寝ても眠いよ、十七、八は。水のなかでも寝ていたい。

389 はかば　はきやれ　ただ　さま　まかせ

あかい　はなをの　なげぞうり

履くならお履きなさい。赤い鼻緒の投げ草履は、ただあなたまかせなのだから。
野口雨情の「南風だよ　みなでておじゃれ」のころの歌。

390 はたらく　めなさん　おさきに　あがれ
らくな　うきちわ　あとで　のむ

道公用で働くみなさんは、お先にお茶をお飲みください。湯沸かし係で楽なウキチは、あとで飲みますから。

詠み手のウキチ爺がミチゴウヨウ（道路工事）で湯（茶）沸かし係をしたときに歌った。

391 はちじょ　かんみなとにゃ　ふたせが　ござる
おもいきる　せと　きらぬ　せと

八丈の神湊には二瀬がござる。思いきる瀬ときらぬ瀬と。623

392 はちじょ　すてねば　ふたおやさまよ
わたしゃ　そわれる　みでわ　ない

八丈を捨てなければ、ふた親さまよ、私はあの人と添える身ではない。
野口雨情？

393 はちじょ そこどの(やえねの) ばらばら まつわ
だれが きるやら うすく なる

八丈底土の(八重根の)ばらばら松は、だれが切るのか薄くなる。

394 はちじょ でる ときや なみだで でたが
みやけ みくらわ うたで こす

八丈を船で出るときは涙で出たが、三宅、御蔵は歌で越す。
373 374

395 はちじょ めならべ ごしやくの かみに
ぬしの こころが(う) つなぎたい

八丈娘の五尺の髪に、あなたの心が(心を)つなぎたい。
野口雨情のころ 402 はこれと同歌なので削除

396 はちじょ　めならべど　さるの　きのぼりわ
なにを　ゆーても　おちや　せぬ

八丈娘とサルの木登りは、なにを言っても落ちはしない。

397 はちじょ　やえねに　どんと　うつ　なみわ
むかい　こじまの（かわい　あのこの）　どきょうだめし

八丈八重根にドンと打つ波は、向いの小島の（かわいいあの人の）度胸だめし。

398 はちじょ　やえねの（そこどの）　みどりの　まつわ
かれて　おちても　ふたりずれ

八丈八重根の（底土の）緑の松は、枯れて落ちても二人連れ。

192

399 はちじょ（みつね）　めならべが　（しゃっぺんめが）　はた　おる　おとわ
おとこ　こいしと　おさが　なる

八丈の（三根の）若い娘が（好色女が）機を織る音は、男恋しいとおさ（機の一部）がなる。

400　はちじょう　よい　とこ　たいへいようの
なみで　こいじの　たより　する
八丈はよいところ。太平洋の波で恋路の便りをする。

401　はちじょしまにも　こーゆー　くさの
あるから(でるから)　おえどが　おもわれる
八丈島にもこういう草があるから(出るから)お江戸が思われる。
本歌は、小笠原にも～

402　395と同歌なので削除

403　はなしょ　よっけんして　うとうべいじゃ　ないか
うたわ　よい　もの　きが　はれて
話をやめにして歌おうじゃないか。歌はよいものだよ、気が晴れて。
よっけんして＝よけにして　うとうべいじゃないか＝さそいかけ形

404　はなに　たとえて　つぼたえばなよ(つぼみのままで・つぼたえのみよ)

さかず　ひらかず　さまを（ぬしを）　まつ

花にたとえてつぼたえ花よ（つぼみのままで・つぼたえの実よ）。咲かずに、開かずに、あなたを待つ。

405 はなの　えじまが　うきしまならば（うきしまなれば）

たぐりよせたい（たぐりよせます）　ひざもとエ

花の江島が浮島なら、たぐりよせたい（たぐりよせます）、ひざもとへ。

花の江島　086　087　231

406 はなの　さかりを　かいへいたいで

さいて　ちらすわ　なみの　ううぇ

花の盛りを海兵隊で暮らし、咲いて散らすのは波の上。

407 はなの　じゅーしち　にど　くるならば

かれきの　えだにも　はなが　さく

花の十七が二度来るならば、枯れ木の枝にも花が咲く。

じゅーしち＝若いということ

408 はなの　もえたつ　つばきの　したで
はちじょ　めならべわ　かみ　けずる
花のもえたつ椿の下で、八丈娘は髪をとかす。

409 はなわ　にど　さく　わかさわ　いちど
わかさ　おどらで　いつ　おどる
花は二度咲くこともあるが、若いときは一度だけ。若いときに踊らないでいつ踊るの。

410 はなわ　のに　さく　とりゃ　きに　とまる
ひとわ　なさけの　したに　すむ
花は野に咲く。鳥は木に止まる。人は情けの下に住む。

411 はらが　でたでた　でたでた　はらが
はらが　でたでた　はらが　でた
腹が出た出た。出た出た、腹が。腹が出た出た、腹が出た。
満腹の歌

412 はらの　たと　ときゃ　ごうじろ　これい
なかの　よけ　とき　できた　こよ

腹のたつときはご覧なさい、これを。仲のいいときにできた子だよ。

413 はるの　やよいに　なく　うぐいすが
うめの　こえだで　ほーほけきょ

春の弥生に鳴くウグイスが、梅の小枝でホーホケキョ。

414 ばんぼー　ふえふき　よねのじょう　さんば
おぬい　おいとこ　ほどが　よい

ババアは笛吹きが上手で、ヨネノジョウは三番叟が得意、オヌイはオイトコ踊りと歌がうまい。

ばんぼー＝くそババア。本名はフジエだが、「フジ」という名前が高位の神様（タカガミサマ）である八丈富士のオフジサマに通じるため、畏れおおいということでこうよばれた。ヨネノジョウ＝ジョウは次男の意味　おいとこ＝ちいさい手塩皿を二つずつ両手にもって、かちゃかちゃ鳴らしながらおどる踊り。

415 ばんま　どけい　わそ　むこうばちまきで
よめの　ざいしょえ　まごう　みー

おばあさん、向こう鉢巻でどこへ行くんですか？　嫁の在所へ初孫を見にだよ。
わそ＝おわすに由来する行くの丁寧語

416 ひとえものだよ　あわせて　おくれ
うらわ　わたしが　くめんする

単衣物（一人者）だよ、袷（合わせ＝添わせ）ておくれ。うら（生活）は私が工面する。

445

417 ひとつ　うたいましょ　はばかりながら
うたの　もんくわ　しらねども

ひとつ歌いましょう、はばかりながら。歌の文句は知らないが。　033

418 ひとの　こころと　いたごんにゃくわ
うらと　おもてが　わからない

人の心と板コンニャクは、裏と表がわからない。

419 ひとの　にょうぼと　かれきの　エだわ
おなし　のるにも　いのちがけ

人の女房と枯れ木の枝は、おなじ乗るにも命がけ。　050

420 ひとの　にょうぼや　かれえだよりも
のって　こわいわ　くちぐるま

人の女房や枯れ枝よりも、乗ってこわいのは口車。

421 ひとわ　ちょと　みて　ちょとぼれ　するに
わたしゃ　よく　みて　よく　ほれる

人はちょっと見て、ちょっとだけ惚れるが、私はよく見てよく惚れる。

422 ひとわ　よめとり　むことり　するに
わりゃナ（わたしゃ）　ひなたで　しゃんめとり

人は嫁取り、婿取りをするのに、私はひなたでシラミ取り。
しゃんめへしゃみめへしらみめ

423 ふじと　なが　つきや　どの　ふじも　かわい
やかんふじよも(でも)　わしゃ　かわい
フジと名がつけばどのフジもかわいい。ヤカン藤をも(でも)私はかわいい。
487
ヤカン藤＝藤の一種で用途のない雑草。道楽者のフジノスケにたとえて。

424 ふしの　わるいのわ　ししょ　ない　ゆえに
こいの　わるいのわ　おやゆずり
節が下手なのは師匠がいないから。声が悪いのは親ゆずり。
075　076

425 ふじの　すそのの　いちりんざくら
エだわ(も)　おられず(ぬ)　ひとえだも
富士のすそ野の一輪桜。枝は折られない、一枝も。
女性が自分をうたう歌　542　555

426 ふじの　すそのの　つぼみの　さくら
エだを　おるなら（おらば　おりやれ）　いまのうち
富士のすそ野のつぼみの桜。枝を折るなら（折るなら折りなさい）、いまのうちに。
女性が自分をうたう歌　542　555

427 ふじの　すそのの　ひとえの　さくら
やえに　さく　きわ　さらに　ない
富士のすそ野の一重の桜。八重に咲く気はさらさらない（あなただけ）。

428 ふじの　やまから　しんみちょ　みれば
さんごしーが　かんもわ　はなざかり
富士の山から新道を見れば、サンゴ爺のサツマイモは花盛り。

429 ふじの　やまほど　たまきりぼし　ほして（ほしゅい）
おやく　さんにん　ねて　くらす
富士の山ほどタマキリボシを干して（タマキリボシが欲しい）。そしたら、親子三人寝て暮らすのに。

タマキリボシ＝サツマイモの保存食　ほしゅい＝歌言葉での形容詞古形

おやく＝親子（「おやこ」は親戚）

430 ふじの　やまより　おもいわ　たかい

エんわ　うみより　ふかく　なる

富士の山より思いは高い。縁は海より深くなる。

431 ふたり　ねて　みて　とり　ねる　つらさ

ねどこ　ひろくて　よわ　ながく

二人で寝てみてわかった、一人で寝るつらさよ。寝床は広くて、夜は長くて。

とり＝ひとり。「ひとつ」も「てつ」　554

432 ふたり　ねる　よわ　うれしゅいけれど

あさの　わかれわ　つらいもの

二人で寝る夜はうれしいけれど、朝の別れはつらいもの。

554

433 ふなだまさまおば　かみざに　すえて
あらナ　しょうはちまるの　ふなゆわい

船霊さまを上座にすえて、ショウハチ丸の船祝い。

船祝いだけは、太鼓の音が嵐をよぶ「呼び太鼓」といって、太鼓をたたかないし、口笛もきらったという。太鼓はおもに女性が、口笛は男性が、恋人をよぶ合図につかったという。「あらな」は字数合わせ、または「あれは ur ja」の意。ゆわいへいわい。つぎの「うぐゆす」とともに、ゆへうの例。

434 ふねの　ますとに（みよしに・へさきに）　うぐゆす（すずめを）　とめて
たいりょ　たいりょと　なかせたい

船のマストに（舳先に）ウグイス（スズメを）とめて、大漁大漁と鳴かせたい。

435 ふねわ　ちゃんころでも　すみ　まきや　つまぬ
つんだ　にもつわ　こめと　さけ

船はたいしたことがなくても、炭や薪なんかは積まない。積んだ荷物は米と酒だ。

炭焼きは明治中期以降ではないかという。

436 ふねわ　ほまかせ　ほわ　かぜまかせ
わたしゃ　あなたに　みお　まかせ
船は帆まかせ、帆は風まかせ。そして私はあなたに身を（澪）まかせる。

437 ふみの　たよりじゃ　こころわ　よめぬ
おーて　はなしが　して　みたい
恋文のやりとりでは心は読めない。会って話がしてみたい。
354

438 ふみの　ふのじも　かけない　わしに
ふみを　よこせと　びんぎょ　する
文のふの字も書けない私に、手紙をよこせとことづけをするなんて。
354　439　442　443

439 ふみの　ふのじも　よめない　わしが
あだんして　しらかみょ　ふみと　よむ

文のふの字も読めない私が、どうやって白紙をふみと読むの。
354　438　442　443

440 ふみよも　やるまい　びんぎよも　すまい
さまの　べんきよの　じやまと　なる
手紙も出すまい、ことづけもすまい。あなたの勉強のじゃまになるから。
354

441 ふみよも　よこすな　びんぎよも　するな
わしの　べんきよの　じやまに　なる
手紙もよこすな、ことづけもするな。私の勉強のじゃまになるから。
354

442 ふみよわ　むらっても　いちじも　よめず
ふみわ　たもとの　もちぐされ
手紙はもらっても一字も読めない。これでは、手紙は袂の持ち腐れだ。
354　438　439　443

443 ふみわ　やりたし　かくてわ　もたず
だそわ　しらかみよ(はくしょ　やるから)　ふみと　よめ

手紙はやりたいのに、書く手は持たない。白紙をやるから、それを手紙として読んでください。

354　438　439　442

444 ふみを　かくなら　すみよ　こく(よく)　すりて
おぼろずきよで(つきの　あかりで)　よめるよに

恋文を書くなら、墨を濃く(よく)すって書きなさい。おぼろ月夜でも(月の明かりでも)読めるように。

445 ふゆが　きたのに　しろじの　ゆかた
あわせないのが　おやの　つみ

冬が来たのに白地の浴衣だなんて。袷が(会わせ)ないのが親の罪。

416

446 ぼうしゅものにわ　あばらが　たらぬ

あばらどころか　きが(けが)　たらぬ

房州ものには〈船の〉肋がたりない。肋どころか、木〈気〉が(毛が)たりない。

房州などからやってきた漁師を、年齢にかかわらず、ジョウシュジー(漁師爺)といい、その言葉をジョウシュコトバ(漁師言葉)といった。

447 ほーわ　かんどうで　とさくも　おろに(が)
わりやな　にくずし　みからおり

お母さんはカンドウで一サク〈八尺〉も織るが、私はニクズシ、ミカラオリで、なかなかはかどらない。

ほー＝はは　カンドウ＝縦縞だけで横糸が一色だけの織り方。ハタルビが一つで簡単に織れる。トサク＝ヒトサク(八尺)のヒの脱落。四サクで一反。ニクズシ、ミカラオリ＝横糸におなじ色が二本つづかない織り方。ハタルビが三つ(ミカラ)必要で手間がかかる。

448 ほしの　かずほど　おなごわ(おとこわ)　あれど
わしの　おもいわ　ただ　ひとり

星の数ほど女は(男は)いるけれど、私の思いはあなた、ただ一人。

449 ぼっくりょ　なびーて　そでい　ひっちかめーて
おみゃナ　もどろか　この　あめに

ボックリ(ゲタ)を隠して、袖をつかまえて引きとめても、あなたは戻るのか、この雨に。

なびーて＜なぶして　464　482

450 ほどが　よけんて　ほれとーが　むりか
ほど　よく　うまれて　こぬが　よい

器量がいいから惚れたのが無理なのか。器量よく生まれてこなければいいのに。

よけんて＜よけによりて　ほれとー＜ほれたろ(動詞の連体・名詞形)　557

451 ほどの(みめの)　よい　こに　かならず　ほれな
ほどの(みめの)　よいこわ　うわきもの

器量のよい人にはぜったいに惚れてはいけない。器量のよい人は浮気ものだから。

かならずほれな＝禁止形式　557

452 ほれた　ほの　じわ　ほど　よいけれど

ふられた　ふの　じの　ふの　わるさ(ふの　じわ　ふが　わるい)

惚れたほの字はほどよいけれど、ふられたふの字のふの悪さ(ふの字はふが悪い)。

453 ほれた　ほれたよ　かみのけまでも
つけた　つばきの　あぶらまで

惚れた惚れたよ、髪の毛までも。つけた椿の油までも。

454 ほれたーば　ぶっつおいやれ　さまよ
いのちゃ　いもばに　たまろ　みず

惚れたなら連れ添いなさい、あなた。命はサトイモの葉にたまる水のように、はかないものなのだから。

ほれたーば<ほれたらば　ぶっ＝強調辞

455 ほれて　いながら　ほれない　ふりを
して　いて　ほれてる　みの　つらさ

惚れていながら惚れないふりを、していながら惚れている、この身のつらさよ。609

456 ほれて　かよえば　せんりも　いちり
あわで(あわずに)　かえれば　また　せんり
惚れて通えば千里も一里だが、会わないで帰れば、また千里。

457 ほれて　たもうれ　みめこそ　わるい
かねで　かうよな　こころいき(こころざし)
惚れてください、見目こそ悪いが、金で買うような心意気なのだから。

458 ほれて　ほれられて　そうのが　エんで
おやの　さだめわ　エんじゃない
惚れて惚れられて添うのが縁というもので、親の定めは縁などではない。
082　298

459 ぼんが　きたのに　ぼんとも　させず(ゆわず)
さまわ　いずこに　おじゃるやら
お盆がきたのにボンともさせないで(いわないで)、あなたはどこにいらっしゃるのか。

ボン＝むかし、杉の丸太を太鼓がわりにしてたたいたときの音をさす。ふつうの太鼓ならドン。

460 ぼんと　しょうがつわ　きんのー　ほうが　よけん(に)
くがつ　くんちわ　くれば　よい

盆と正月は、忙しいし、ごちそうもないから、来ないほうがいいけれど、秋の収穫後の九月九日はごちそうもあるから、来てほしい。

きんのー〈きんなこ(来ない)　くがつくんち＝くがくんち。この日に食べる新米の五目飯(味噌味で、ジゴクアザミ、イモガラ、大根葉などが入っている)が食べたくて歌ったという。ほかに、さがさんち(三月三日)、ごがごんち(五月五日)。

461 ぼんの　じゅーさんちが　にど　くるならば
おやの　はかばえ　にど　まいる

盆の十三日が二度来るならば、親の墓場へ二度ともお参りに行きたいものだ。

462 ぼんの　ぼくじょう　ひがんの　ちゅんち
やかたの　こんれい　かむあみだ

盆のボクジョウ(意味不明)、彼岸の中日、粗末な家での婚礼、カムアミダ(意味不明)。

463 まいよ　まいよの　かみしんじんも
あのこに(わがこに)　さいなん　ないように

毎夜毎夜の神信心も、あの人に(わが子に)災難がないようにと願う気持ちから。

464 まがもー　かたてに　たばつろー　さげて
おみゃナ　わそどーか　この　あめに

鎌を片手にタバツラを持って、あなたは行くんですか、この雨に。
たばつら＝草などをしばるためのもので、おもに竹を細く裂いたもの　ま
がもー＜まがまを　たばつろー＜たばつらを　わそどーか＜わそだろか　449
482

465 まくら　たたいて　こごえて　よんで
かぜい　ひくなよ　いくからに

枕をたたいて小声で呼んで、風邪を引くなよ、もう行くからね。

466 まごわ　きん　ぎん　こどもわ　たから
よめわ　この　えの　まぶりがみ
孫は金銀、子どもは宝物。嫁はこの家の守り神。

467 まつも　つらいが　またせる　わしも
こころずかいわ　おなし　こと
待つのもつらいだろうが、待たせる私も、つらい気持ちはおなじこと。

468 まてと　おしゃらば　にねんわ　まとが
あだに　まていし　さんねんも
待てとおっしゃるのなら二年は待ちますが、どうやって待てましょう、三年も。
まていし＝反語形式で、待てないの意　379　469　495

469 まてと　おしゃらば　わしゃ　いつまでも
やなぎの　しんめの　かれろまで
待てとおっしゃるなら、私はいつまでも。柳の新芽が枯れるまででも。

柳の新芽は枯れないから　379　468　495

470 ままこ　ままおや　よにゃ　つらけ　もの
かかるまいぞえ　ままおやにゃ

継子、継親は世にもつらいもの。継親にだけは育てられたくないものだ。

471 まるい　たまごも　きりよで　しかく
ものも　ゆいよで　かどが　たつ

丸い卵も切り方で四角になる。ものも言いようで角がたつ。

472 まるぼ　ひとかナ　よにゃ　あさましけ
いきて　あろ　ひとぁ　わすれぐさ

亡くなった人はもう帰ることはないが、生きている人はいつかはよいこともある。
まるぼ＝「こけつまろびつ」のまるぶ連体形　〜か　あさましけ＝力強調形

473 みずの　みなもと　ながるる　かわに

かけて うれしや くよの はし

水の源を流れる川に、かけてうれしい、供養の橋。 478 499

474 みずも うたずに さやむぎょ つかせ
ながす なみだで むぎゃ つける

水も打たないでサヤ麦をつかせ、流す涙で麦はつける。
水なしでは麦をつくことができない。嫁いびりの歌。

475 みたきゃ ききたきゃ はなしょも したきゃ
そーて(おーて) としぇい[よ]も して みたきゃ

見たい、聞きたい、話もしたい。連れ添って(会って)生活もしてみたい。
みたきゃへみたけわ 003 348

476 みちえ(かどう) でるとわ こえ かけられて
はんちょの みちも よりと なる

道へ(屋敷の入り口を)出ると声をかけられて、半町の道でもつい四里(寄り)となる。

477 みつね　かみなとわ　はちじょの　みなと

みっか　あけずに　ふねが　くる

三根の神湊は八丈の港。三日とあけずに船が来る。

478 みつね　くようばし　ぬぶりょうざかを

こせば(こえりや)　せいしの　ままと　なる(ままだらけ)

三根の供養橋から登竜坂を越せば、末吉の崖となる(崖だらけ)。

せいし＝しーし、とも　まま＝崖の古語　473　499

479 みつね　くらのさか　さか　まんなかで

でふね　ながめて　そで　しぼる

三根の倉の坂、坂のまん中で、出船をながめて、涙にぬれた袖をしぼる。

野口雨情

480 みつね　じょろしゅーわ　てねぐいおびで

こんの　まいかけ　ほどが　よい

三根の女郎衆は手ぬぐいを帯にし、紺の前掛けがなかなかいい。
まいかけ＝口語ではメーダレ。

481 みつねむらにわ　ひこうじょうが　でいた
ひなんこーこも　また　みつね

三根村には飛行場ができた。避難港もまた三根に。
海軍の飛行場ができたのは昭和二年。

482 みのう　ひっかけて　しょいこう　しょって
おみゃナ　わそかナ　この　あめに

蓑をひっかけてショイコを背負って、あなたは行くのですか、この雨に。
449　464

483 みはら　やましょの　ぞうきの　なかに
あかい　つばきの　はなも　さく

三原山の雑木林のなかに、赤い椿の花も咲く。
野口雨情

484 みめの　わるいのわ　わがらが　とくよ
おとこ　さいなん　まぶりよけ
見目の悪いのは、私にはよいこと。男の災難からの守り神。

485 みめの　わるいのわ　わがらわ　とくよ
みめの　わるいのが　まぶりがみ
見目の悪いのは、私にはよいこと。見目の悪いのが私の守り神。

486 みやれ　みずおけ　きはちじょの　はおり
わたしゃ　あたまも　ぬらしゃ　せぬ
103
ご覧ください、頭にのせた水桶を、黄八丈の羽織を。私は頭もぬらしはしないから。

487 みよわ　なげます　てんぼうごーえ
ひろって　たもうれ　ふじのすけ
身を投げますよ、テンボウ川へ。そしたら、拾ってください、フジノスケよ。

みよわ<みをは　423

488 みんな　でて　きけ　がっこうの　かどで
ていいちだんなが(せんせいが)　よむ　こえお

みんな出て聞きなさい、学校の門で。テイイチ旦那が(先生が)本を読むいい声を。
テイイチ＝尾端の尋常高等小の先生。明治後半で、奥山直一先生のころか？

489 むかしなじみと　つまずく　いしわ
にくいながらも　ふりかえる

昔馴染みとつまずく石は、にくいながらもふりかえる。
明治以前

490 むかしなじみと　べねざらぞめわ
いろわ　さめても　きが(わ)　ぬけぬ

昔馴染みと紅皿(紅ガラ)染めは、色はさめても気が抜けない。
明治以前

491 むりな　おやどーじゃ　あまん　ねろ　ねろと
はなの　じゅーしちょ　すすだらけ

無理な親だねえ、男が夜這いに来るから天井裏に寝ろ寝ろといって。花の十七をすすだらけにして。

おやどーじゃ＝おやだろじゃ＜おやであろじゃ　あま＝天井裏

492 もとの　じゅーさの　しらはで　かえせ
うきょわ　とるまい　わが　おやわ

もとの十三の白歯で返せ。さもなくば、請けとるまい、わが親は。　211

493 ものの　はんちょも　いかない　うちに
こうも　あいたく　なるものか

別れてからものの半町も行かないうちに、こうも会いたくなるものか。

494 もはや　ひも　くれ　でんきも(が)　ついて
きょうの　ななじっせんも　しめたもの

もはや日も暮れ電気もついて〈仕事もおわり〉、きょうも七十銭、かせいだぞ。
三根に電灯がついたのは、昭和三年。オホヨおばさんの作。

495 やなぎの　しんめわ　まだまだ　おろか
いしの　どだいの　くさろまで

柳の新芽などは、まだまだで、石の土台が腐るまで。
379　468　469

496 やまで　ひょうろー　かみや　いもばの　ごきで
かのき　こえどー　はしん(に)　おる

畑でお昼を食べれば、サトイモの葉の器で、桑の小枝を箸に折る。

ひょうろー＝ひょうら(兵糧)を　かみや＝かめや。「かむ」は食べる　こえどー＝こえだを　桑の小枝は堕胎につかった。　215　272

497 やまなか　そだちの　だいこんでさえ
エん　ありゃ　さしみの　つまと　なる

山なか育ちの大根でさえ、縁があれば刺身のつま〈妻〉となる。　596

498 ゆきに　たたかれ　あらしに　もまれ
くろうして　さく　かんつばき

雪にたたかれ、嵐にもまれながら、
苦労して咲く寒椿。

499 ゆめにも　みえない　くようの　はしが
こんど　めでたく　かねの　はし

夢にも見なかった供養の橋が、
こんどめでたく鉄の橋になった。
473　478

500 ゆわれても　よい　あなたとならば
おやに　かんどう　きられても

言われてもよい、あなたとならば。
たとえ親に勘当されても。
166　193

501 ゆわれても　よい　あのことならば
たとい　しんぶんに　だされても
言われてもよい、あの人とならば。たとえ新聞に出されても。

502 よいにゃ　こないで　この　あけがたに
どこの　しのびの　もどりやら
宵には来ないでこんな明け方にやってくるなんて、どこの忍びの戻りなのやら。　230

503 ようなしんかと　いま　かんがいる
わくの　いとなら　くりかいる
なぜ、どうしてあんなことをと、いま考える。枠の糸なら、また回ってくるのだが。
ようなしんか＝用なしにこそ。カ強調形の結び（やれ＝言った）の流れ。
646　647

504 よくか　まちたれ　まちとどけたれ
こごん　うれしけ（うれしゅい）　ことも　あり

よくぞ待った、待ちとどけた。こんなにうれしいこともある。
よくかまちたれ＝力強調形　うれしゅい＝歌言葉での形容詞古形　こごん
へこが　やう（様）に

505 よその　はたけに　くわ　いれなさり
そこに　けんかの　たねを　まく
よその畑に鍬を入れなさって、そこにけんかの種を蒔く。

506 よばい　こばいわ　おとこの　やくめ
とめる　おなごが　どくでなし
夜這いこばいは男の役目。そんな男を泊める女のほうがろくでなし。

507 よばいに　おじゃらば　よつはんどきに
おやの　とこいりょ　してからに
夜這いにいらっしゃるなら、四つ半時に。親が床いりをしてからですよ。

508 よめい　にくむな　よめこそ　こだれ

わがナ　むすめわ　よその　こよ

嫁をにくむな、嫁こそ子ではないか。私の娘もいずれはよその子になるんだよ。

よめこそこだれ＝コソ強調形　516

509 よめいも　とっちゃ　けず　むこにも　やらず

わがナ　おやさまの(わ)　いくじなし(いろけなし)

嫁もとってやらず、婿にもやらず、私の親さまは意気地なしだ(色気なしだ)。

よめいも〈よめをも　636　640

510 よめじゃ　なからら　ほうべーでか　あられ(ともだちだらら)

それい　せけんじゃ　よめ　よめと

嫁ではなかったんだ、友だちだったんだよ。それを世間では嫁だ嫁だと言うけれど。

なからら〈なくあらら(なくありあろわ)　でかあられ＝コソ強調文　～だらら〈～であらら(でありあろわ)　それい〈それを

511 よめじゃ　なかろーに(なからら)　はるしでか　あられ(あろん)

それい　せけんじゃ　よめ　よめと

嫁ではなかったんだよ、養蚕の仕事だったんだよ。それを世間では、嫁だ嫁だ、と言うけれど。
力強調形　なかろーに〜なからろに〜なくありあろに

512 よめで　いながら　ともだちぶりに
はなす　くちぶりや　おもしろきや
嫁でいながら、まるで友だちのように話す口ぶりはおもしろいものだ。

513 よめにゃ　いきんなか　はるしにか　いけが
よめと　うわさを　たてぬよに（うわさが　たたぬよに）
嫁に行くんじゃない、養蚕の仕事にコソ行くんだ。だから、嫁だと噂をたてないように（噂がたたないように）。
いきんなか〜いきなこわ

514 よめも　こも　ない　おや　きょうだいも
はぬけどりとわ　わしの　こと
嫁も子もいない、親きょうだいもいない。羽ぬけ鳥とは私のこと。
169〜173

515 よめよ　よく　きけ　エリ　おくみさえ
つまの　ですぎわ　みぐるしい

嫁よ、よく聞け。衿やオクミでさえ、褄(妻)の出すぎはみぐるしい。
305　06

516 よめわ　あんせい　しゅーとう　いびろ
よめの　あがりわ　みな　しゅーと

嫁はどうして姑をいびるの。嫁のあがりはみな姑だというのに。
しゅーとう＝しゅうとを　あんせい〜いびろ＝疑問詞疑問文　508

517 らくわ　のぞまぬ　くろうわ　しょうち
くろう　しがいの　あるように

楽はのぞまない、苦労は承知の上。だから、苦労のし甲斐があるようにね。

518 わが　こ　わが　おや　わが　つまさまに
びょうき　さいなん　ないように

わが子、わが親、わが夫に、病気や災難がないように。

519 わかい ときだよ ふたおやさまよ(わが おやさまよ)
すこしゃ おうめに みて おくれ

若いときだけだよ、ふた親さまよ。だからすこしは大目にみておくれ。

520 わかい ときにわ うりや だれそれと
いびを さされた ことも ある

若いときには、あれはだれそれだと、指をさされたこともあるのだが。

521 わかい ときにわ そで ひかれたが
いまじゃ まご こに てを ひかれ

若いときには袖を引かれたものだが、いまでは、孫や子に手を引かれて。

522 わがナ おもいわ いしより かたい
にても やいても かわりゃせぬ

私の思いは石より硬い。煮ても焼いても変わりはしない。

523 わがナ　おもいわ　はちまんやまの
おつる　このはの　かずよりも
私の思いは八幡山の、落ちる木の葉の数よりも。

524 わがナ　おもう　こわ　おえどに　おじゃる
わりゃナ　おもうじゃ　はちじょうで
（はちじょうで　おもわれる）
私が思う人はお江戸にいらっしゃる。私はこの八丈で思っていますよ。　528

525 わがナ　しゅーとの　ねこなでよりわ
たんき　おやさまの　そばが　よい
（わが　おやさまの　むりが　よい）
私の舅の猫なで声よりは、短気な実の親のそばがよい（私の親の無理がよい）。
378

526 わがナ　でろ　ときゃ　だが　でて　なこどー
いしの　とんぐれで　からすめが

私が島を出るときには、だれがでて泣くというの。岩の上でカラスが鳴くくらいだ。
だが〜なこどー＝疑問詞疑問文

527 わがナ　どうらくー　しょいこん　つけて(かますん　つめて)
わがえの　おうちゃに　しょわせたい

私の道楽をショイコにつけて(かますに詰めて)、わが家のおじいさんに背負わせたいものだ。

おうちゃ＝翁

528 わがナ　ととうわ(ととさま)　おうがしまに　おじゃる
わりゃナ　はちじょうで　おもわるる

私のお父さんは青が島にいらっしゃる。私は八丈で思っている。

524

529 わがナ　ばんまわ　いつ　きて　みても

おやりょ　ひねって　ひを　おくる

私のおばあさんは、いつ来てみても、オヤリをひねって日を送っている。

おやりょひねって＝くず繭から手で糸を紡いで

530 わがナ　ほーちゃわ　とんめていに　おきて

おうせかんもう（ほそずるかんもう・めだしかんもう）、かめかめと

私のお母さんは朝はやく起きて、オウセカンモ（ホソヅルカンモ・メダシカンモ）を食べろという。

ほーちゃ＝はは　とんめていへつとめて　かめ＝食べろ。「噛む」も「かむ」という　メダシカンモ＝掘り残しから芽がでたもので、うまい

531 わがナ　まごめに　あげたい　ものわ

かねの　なる　きに　よけ　よめじょ（たまごやき）

私の孫にあげたいものは、金のなる木にいい嫁さん（玉子焼き）。

532 わがナ　まるばらば　たいこや　うたで

ねぶつや　おきょうわ　おことわり

私が死んだら太鼓や歌で送ってほしい。念仏やお経はおことわりだ。
まるばらば＝「こけつまろびつ」の「まるぶ」 547

533 わしが　じゅーくの　やくどしよりも
さまの　けんさが　きに　かかる
私の十九の厄年よりも、あなたの徴兵検査が気にかかる。

534 わしの　こころと　ごしんの　かどにゃ
ほかにゃ　きわ　ない　まつばかり
私の心と護神の門(入り口)には、ほかに木(気)はない、松(待つ)ばかり。

535 わしの　こころと　たれどの　はまわ
こいし　こいしで　はてが　ない
私の心と垂土の浜は、小石(恋し)小石で果てがない。

536 わしの　こころと　たれどの　はまわ

こいし　こいしと　まつばかり

私の心と垂土の浜は、小石（恋し）小石と松（待つ）ばかり。

537 わしの　こころわ　たばらの　たぶよ
ままに　なる　ひを　まちこがす

私の心は田圃の稲だよ。ご飯（あなたの意のまま）になる日を待ちこがれている。
たぶ＝田穂　654

538 わするまいぞえ　しょめしょめぶしを（つねよしぶしを）
にどと　こうたの　はやろまで

忘れるまいぞ、しょめ節を（つねよし節を）。二度とふたたび小唄がはやるまで。
ツネヨシという人の歌は、かわった節で人気があった。小唄が大流行したことをさす。

539 わたしゃ　おエどえ　べんきょに　いくが
あとに　つま　おく　はな　おるな

私はお江戸へ勉強に行くが、あとに妻を置く、その花を折るな。　088　540

540 わたしゃ　お江どえ　ほうこに　いくが
あとに　はな　おく　エだ　おるな
私はお江戸へ奉公に行くが、あとに花を置く、その枝を折るな。　088　539

541 わたしゃ　なる　きで　きましたけれど
こいを　かけなきゃ　なりや　せぬ
私はいっしょになる気(木)で来ましたけれど、声(肥)をかけなければ、いっしょになりはしない。　081

542 わたしゃ　のやまの　つぼみの　さくら
おらば　おりやれ　いまの　うち
私は野山のつぼみの桜。折るなら折なさい、いまのうちに。　425　426　555

543 わたしゃ　はちじょの　あらうみ(あらなみ)そだち
なみに　もまれて　きも　あらい
私は八丈の荒海(荒波)育ち。波にもまれて気も荒い。

544 わたしゃ　はちじょの　かやぶきやねよ
かわらないのが　わしの　むね
私は八丈の茅葺き屋根よ。瓦(変わら)ないのが私の棟〈胸〉よ。

545 わたしゃ　ろうそく　しんから　もえる
あなた　らんぷで　くちばかり
私はろうそくで、芯から燃えるけれど、あなたはランプで口ばかりだ。

546 わりゃナ　あかさか　いちれんたいで
みぎ　むけ　ひだり　むけで　くろうする
私は赤坂の一連隊で、右向け、左向けで苦労する。　029　551〜553

547 わりゃナ　うたすき　ねんぶつぎらい
わがナ　しんだ　ときゃ　うたで　だせ
私は歌好き、念仏嫌い。だから、私が死んだときは歌で出してくれ。　532

548 わりゃナ　おめいやか　たれどの　すなを
とりて　おがめが　かみがみに

私は、あなたのことを思っていればこそ、垂土(神湊付近の浜)の砂を取ってきて拝むのです、神がみに。

おめいやか〜おがめが＝力強調形

549 わりゃナ　おもうじゃ(わ)　ひにゃ　せんたびも
さまも　おもうか　ひに　いちど

私は思うよ、日に千たびも。あなたも思ってくれるか、日に一度くらいは。

550 わりゃナ　かしたての　はんてんそだち
ながい　きものにゃ　エんが　ない

私は樫立のハンテン育ち。長い着物には縁がない。
坂上の山道を歩くのには短いほうがよかったからという

551 わりゃナ　でろだら　あかさか　さして

こいし　あのこう　ふりすてて

私は行くのだ、赤坂の連隊をめざして。恋しいあの娘をふりすてて。　029　546

552 わりゃナ　でろだら　あかさか　さして

しらぬ　じょうかんよ　おやと　みて

私は行くのだ、赤坂の連隊をめざして。知らない上官を親と思って。　029　546

553 わりゃナ　でろだら　この　くろ　ふねで

しらぬ　たにんよ　おやと　みて

私は行くのだ、この黒(来る)船で。知らない他人を親と思って。　029　546

554 わりゃナ　とりでわ　よも　ねいられぬ

おじゃれ　つまさま　わが　とこい

私は一人では夜も寝られない。いらっしゃい、あなた、私のところ(床)へ。

とこえ〉とこい〉とけい　431　432

555 わりゃナ　のに　さく　じごくの　はなよ
だれも　てを　だす　ひとも　ない

私は野に咲くジゴクアザミの花よ。そんな花にだれも手を出す人はいない。
ゴボウに似たこの根は雑炊に入れて食べた。　425　426　542

556 わりゃナ　やだらナ　こじまの　よめにゃ
うみで　はこ　ぼっくりが　あろじゃなし

私はいやだよ、小島の嫁には、海ではくボックリ(ゲタ)があるわけじゃなし。
やだら＝いやであろわ

557 われい　うらむな　そえない　ものう
よけこに　うまれた　おみょ　うらめ

私をうらむな、添えないものを。美しくうまれたあなたをうらめ。　450　451

558 われい　おもって　みねさか　こえて
あいに　きたのに　かいさりょか

559 われい　わが　ほーが　あんせいか　ねーて
こんな　くろうよ　しょいかぶり

私を思って、峰坂を越えて会いに来たのに、そのまま帰せるものですか。
258

私をお母さんがどういうわけか生んで、おかげでこんな苦労をさせられている。
ねーて＜なして

560 われい　わが　ほーが　おんなごん　ねーて
つきに　いちどの　たびょ　させる

私をお母さんが女に生んで、月に一度の旅(他火＝生理)をさせる。
129　131

561 ・・・・・・はちじょたんごに　じょうが　ない
・・・・・・八丈丹後に丈(情)がない。
ツブリ＝頭、前半をわすれた。後半は、ふつうの一反は3丈2尺だが、八丈の一反は2丈8尺〜3丈でみじかいということ。

しょめ節　補遺

かわい　あのこにゃ　せんりょうばこ　ななつ
にくい　やつめにゃ　いしょ　ななつ
かわいいあのこには千両箱七つ、憎いやつめには石を七つ。

なくて　ななくせ　にんげんの(に)　くせわ
あれば　しじゅーはち　くせわ　ある
なくて七癖、人間の癖は、あれば四十八、癖はある。

なみだ　ながして　わかれる　よりも
さまに　かけます　この　からだ(いのち)
涙を流して別れるよりも、あなたにかけます、この体(命)。

よめん　おじゃらば　ひゃくしょうい　おじゃれ
ずにんふぜいじゃ　くろうする

嫁にいらっしゃるなら百姓へいらっしゃい。流人ふぜいでは苦労をする。
いわゆる流人だけでなく、農民や漁民など一次産業以外の職業もみなズニン、ズニンモンといった。

わがナ　おもいお　つつんだ　かみお
なげて　みたけど　とどきゃ　せぬ

私の思いを包んだ手紙を投げてみたけれど、あなたのもとに届きやしない。

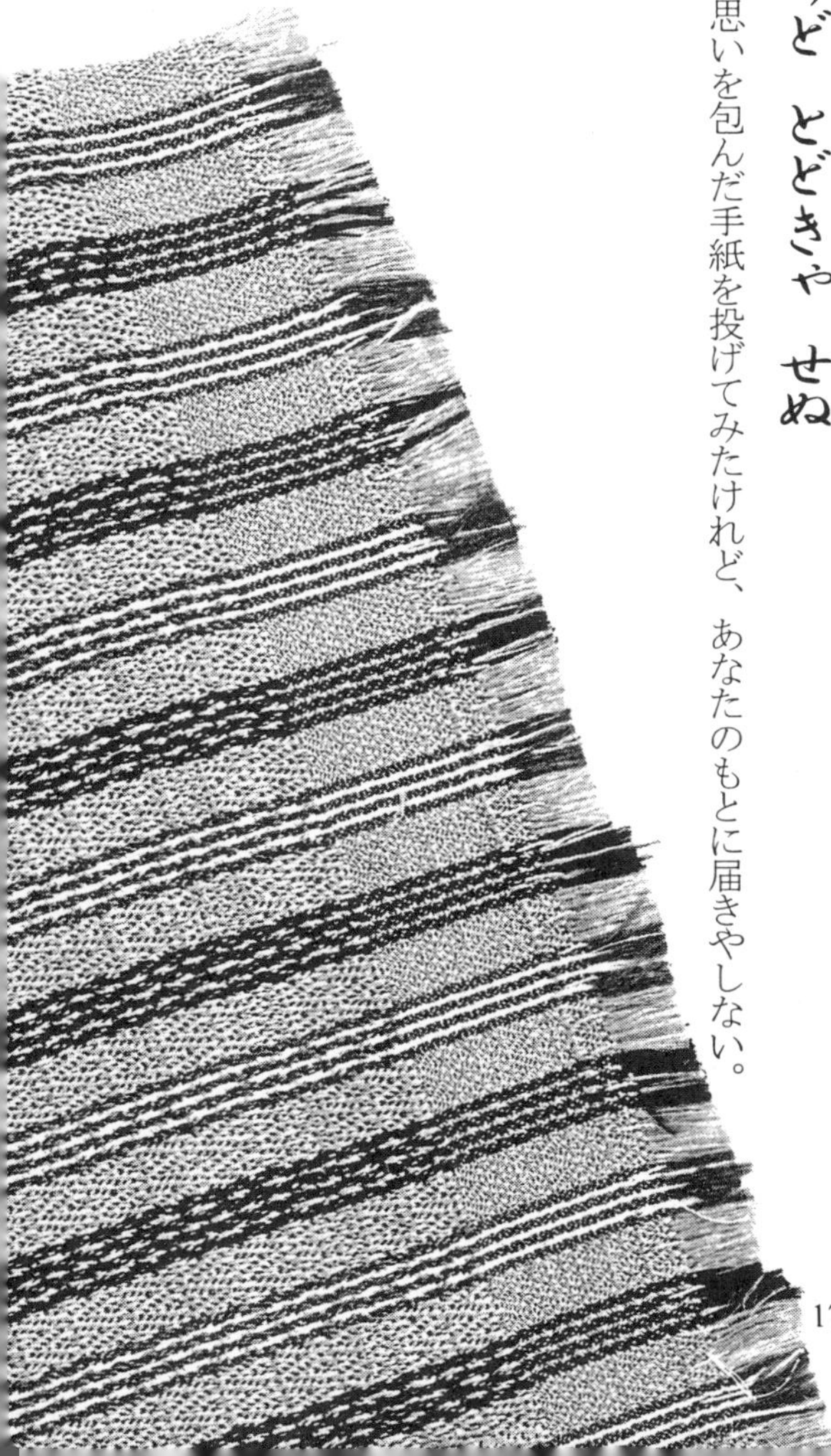

二　しょめ節の　祝い歌

562 おきじゃ　かつー　つる　じじゃ　ふぐを　つく
うちじゃ　ゆわいの　さけを　のむ
沖ではカツオを釣る。波打ち際ではフグをつく。家では祝いの酒を飲む。
ヨヒコノブシ　い〉ゆ　明治

563 おまえ　ひゃくまで　わしゃ　くじゅーくまで
ともに　しらがの　はえろまで
おまえ百まで、私は九十九まで、ともに白髪の生えるまで。　174

564 きょうの　さかずきょ　よく　みて　うけろ
なかわ　つる　かめ　ごよの　まつ
きょうの杯をよく見て受けろ。なかは鶴亀、五葉の松。

565 きょうの　ゆわいを　おうぎに　のせて
あをぎあげたや　かみがみに
きょうの祝いを扇にのせて、あおぎあげたい、神がみに。

566 きょうの　ゆわいを　しょうじに　こめて
あけたて　しょ　たびに　おもいだせ
きょうの祝いを障子にこめて、開け閉てするたびに思いだせ。

567 ここの　おにわに　みょうがと　ふきを
みょうが　ますます　ふき　はんじょ
ここの庭にミョウガとフキを。ミョウガ(冥加)ますます、フキ(富貴)繁盛。

568 ここの　ざしきわ　はななら　つぼみ
めでたく　ひらいて　みを　むすぶ
ここの座敷は花ならつぼみ。めでたく開いて、実を結ぶ。

569 ここの　ざしきわ　めでたい　ざしき
つるが　しゃくして　かめが　のむ
ここの座敷はめでたい座敷。鶴が酌をして亀が飲む。

570 ここの　ざしきわ　めでたい　ざしき
つると　かめとが　まいおどる
ここの座敷はめでたい座敷。鶴と亀とが舞い踊る。

571 ここの　ざしきわ　めでたい　ざしき
よつの　すみから　こがね　わく
ここの座敷はめでたい座敷。四つの隅から黄金が湧く。

572 さぞぞ　さかずきょ　よく　みて　うけろ
なかわ　つる　かめ　ごよの　まつ
さしますよ、杯を。よく見て受けなさい。なかは鶴亀、五葉の松。

573 さそぞ　さかずきょ　みとめて　さそぞ
よそえ　もらすな　つゆほども
さしますよ、杯を。あなたと認めてさします。よそへもらしなさんな、露ほども。

574 だんな　だいこく　おかみさん　エびす
はいる　おきやくわ　ふくのかみ
旦那は大黒、おかみさんは恵比寿、入るお客は福の神。

575 はえば　たて
たてば　あゆめと　そだてし(そだての)　おやわ
きょうの　ゆわいの　うれしさよ
這えば立て、立てば歩めと育てた(育ての)親は、きょうの祝いのうれしさよ。

576 めでた　めでたが　みつ　よつ　いつつ(みつ　かさなりて)
すえにゃ　つる　かめ　ごよの　まつ

577 めでた　めでたの　わかまつさまよ
エだも　さかえて　はも　しげる

めでためでたが、三つ四つ五つ(三つ重なって)、末には鶴亀、五葉の松。
めでためでたの若松さまよ、枝も栄えて、葉も茂る。

三　しょめ節の　しゃっぺん節

578 いれて　もちゃげて　よいかど　きけば
よいか　よなかか　むがむちゅー

入れて持ち上げて、良いかと聞けば、良い（宵）か夜中か、無我夢中。
大正

579 おちゃやおんなど　おてらの　かねわ
つけば　つくほど　よく　うなる

お茶屋女とお寺の鐘は、つけばつくほど、よくうなる。

580 おちゃやおんなど　ゆーびんばこわ
どんな　かたにも　いれさせる

お茶屋女と郵便箱は、どんな方にも入れさせる。

581 おまんこ　つっつく　むしゃ　どのような　むしよ
つるつる　あたまで　みみが　ない
オマンコをつっつく虫はどんな虫。つるつる頭で耳がない。
明治～大正

582 おみが　ちんぽに　のーよ　なって　つけて
あとから　あのこが　しめたてる
あなたのオチンチンに縄をなってつけて、あとからあの娘(個人名がはいる)がしめたてる。
個人名をいれたひやかし節　明治

583 かりが　あっても　しんぱいするな
したの　ふくろにゃ　きんが　ある
借り(雁首＝亀頭)があっても心配するな。下の袋には金がある。
大正　587

584 きなよ　まいばんでも　たたせちゃ　おかぬ

わしが　でるとも　いれるとも

来なよ、毎晩でも、外に立たせてはおかないから。私が出るにしても、あなたを入れるにしても。

女性が歌うしゃっぺん節。トメノおばがよく歌った。明治以前

585 さけた　ふんどうしと　おてらの　かどにゃ
ときどき　ぼうずが　かをう　だす

裂けた褌とお寺の入り口には、ときどき坊主が顔を出す。
huNdousi〈humi towosi（踏み通し）

586 しゃっぺんよ　して　して　もし　まるばらば
まらの　とうばでも（を）　たてて　やる

セックスをしてして、もしも死んだら、マラの塔婆でも立ててやる。
明治後期?

587 しんのこでさえも　かね　かせぐのに
なぜか　ちんちんにゃ　かりが　ある

オマンコでさえも金をかせぐのに、なぜかオチンチンには借り(雁首=亀頭)がある。
明治以前　583

588 しんのこぼうしを　かぶせて　けたりゃ
きもち　よいので　よだれ　だす
オマンコ帽子をかぶせてやったら、気持ちがいいのでヨダレをだす。
けたりゃ＝けたれや

589 しんのこぼうしを　かぶせて　けたりゃ
よだれ　たらして　うれしがる
オマンコ帽子をかぶせてやったら、よだれをたらしてうれしがる。
大正

590 ちんぽ　どけい　わそ　あおすじょ　たてて
うまれ　ざいしょえ　たねまきに
オチンチンよ、どこへ行くの、青筋をたてて。生まれ在所へ種を蒔きに。
ジツ(イチ)おじさんがよく歌った。　明治以前

591 ならいかぜだよ　ちんちんが　さむい
しんのこぼうしを　かぶせたい
ナライ（北東）風だよ、オチンチンが寒い。オマンコ帽子をかぶせたい。

592 はちじょ（みつね）　しゃっぺんめが（めならべが）　おりだす　がらわ
おさせごうしに　もちゃげじま
八丈の（三根の）好色女が（若い娘が）織りだす柄は、おさせ格子に持ちあげ縞。
202

593 ひとわ　せんこう　だれでも　おがむ
わたしゃ　まんこう　おがみたい
人は線（千）香をだれでも拝む。私はオマン（万）コを拝みたい。

594 またの　どんじゃねと　エんどうの　はなわ
いとこずかいか　よくも　にた
股の女性器とエンドウ（オタフクマメ）の花は、いとこ同士か、よくも似ている。

ド(ン)ジャネは、サネ(実、陰核)の卑語・強調語だが、この場合は女性器全体をさす。

595 みつね　めならべ　いろはを　ならい
はのじ　わすれて　いろばかり

三根の娘はイロハを習っても、ハの字を忘れて、イロ(色気)ばかりだ。

596 やまなか　そだちの　だいこんでさえ
すれば　さしみの　つまと　なる

山なか育ちの大根でさえ、こすれば刺身のつま〈妻〉となる。
コスルはセックスで腰をつかう意。497

597 ゆんべ　みつ　して　けさ　また　ひとつ　以下不明

夕べ三回して、けさまた一回

四　しょめ節の　字余り

598 あいで　ない
こいで　ない　ただ　なんとなく
おーて　はなしが　したく　なる（して　みたい）

愛ではない、恋でもない。そうではなくて、ただなんとなく、会って話がしたくなる（してみたい）。

599 あきらめて
みても　みれんで　わしゃ　まだ　まよう
ぬしわ　わたしにゃ　うらぎもん

あきらめてみようとしても、未練があって、私はまだ迷う。あなたは、私にとっては裏切り者だ。

600 あさがおわ
ばかな　はなだよ　ねの　ない　たけに
からみついてわ　はな　さかす

朝顔はばかな花だよ。根のない竹にからみついては花を咲かせる。

601 おくやまの
たきに　うたれる　あの　ゆわでさエ
いつ　ほれるとも　なく　ふかく　なる

奥山の滝にうたれるあの岩でさえ、いつ掘れる(惚れる)ともなく、深くなる。

602 きりぎりす
はねで　なくかよ　せみゃ　はらで　なく
わたしゃ　こいゆえ　むねで　なく

キリギリスは羽で鳴くのか、セミは腹で鳴く。私は恋のせいで胸で泣いている。

603 じゅーごやさまの
ようなまんまるまるの
こころ　もちたる　つま（さま）　ほしゅい

十五夜さまのような、まんまるの心を持った人が欲しい。

604 しょうがつの
かどに　たてたる　さんがいまつに
かかる　こゆきわ　みな　おかね

正月の門に立てた三蓋松（門松）に、かかる小雪はみなお金。

605 その　こえで
とかげ　くーかよ　やまほととぎす
ひとわ　みかけにゃ　よらぬもの

その声でトカゲを食うかよ、山ホトトギス。人は見かけによらないもの。

606 たけの　いっぽんばしゃ
しなしな　しのーて　あぶないけれど
さまと　わたるにゃ　こわく　ない

竹の一本橋は、しなしなしなって危ないけれど、あなたと渡るにはこわくない。

607 なにを　させても　てのろいくせに
きの　いく　まいの　とびでた　ちんぽの
つまみこむ　ての　ての　はやさ

なにをさせても手のろいくせに、気が行くまえの飛び出たチンチンをつまみこむ手のはやさといったら。

しゃっぺん節

608 にくい　やつめに
じんびょう　かしゃやみょ　させて
さかさ　びょうぶに　きたまくら

にくいやつを淋病、梅毒にかからせて、逆さ屏風(大正まで、死後四十九日のあいだはこうした)に北枕。

609 ほれて いて
ほれて いて いて ほれない ふりを
して いて ほれてる みの つらさ

惚れているのに、惚れないふりをしていて、じつは惚れている身のつらさよ。455

▽620 しらさぎを
からすと みたのも そりゃ むりも ない
あをいの はなでも あかく さく

白鷺をカラスとみたのも、それは無理もない、葵(青い)の花でも赤く咲く。

▽621 しらさぎを
からすと みたのも そりゃ むりも ない

いちわの　とりでも　にわとりと

白鷺をカラスとみたのも、それは無理もない。一羽の鳥でもニワトリと。

▽622　しらさぎを

からすと　みたのも　そりゃ　むりも　ない

しろと　ゆー　じも　すみで　かく

白鷺をカラスとみたのも、それは無理もない。白という字も墨で書く。

▼しょめ節の字余りについてのメモ▲

しょめ節の基本構造は七七七五であるが、そのあたまに五、または、七をたした、五・七七七五、七・七七七五というのが、しょめ節の字余りである。

五・七七七五には599〜602・604・605・609などがあり、七・七七七五には606がある。

なお、598のような五七五七五や、603・608のような七三七七五は、字余りの例外的なパターンかと思われる。

五　しょめ節の　二段節

610 あかい　こそでに　まよわぬ　ものわ
きぶつ　かなぶつ　あの　いしぼとけ
せんりも　はしるよな　あの　きしゃでさえ
あかい　はた　ふりゃ　ちょいと　とまる

赤い小袖に迷わないものは、木仏に、金仏に、あの石仏だけ。千里も走るようなあの汽車でさえ、赤い旗を振ればすぐ止まる。

611 いちり　にりなら　じてんしゃで　かよい
ごりと　はなれりゃ　じどうしゃで　かよう
せんり　はなれて　あいたい　ときにゃ
いまの　はやりの　ひこうきで

一里二里なら自転車で通い、五里も離れれば自動車で通う。千里離れても会いたいときには、いまの流行の飛行機で。

612 いつも　かつー　つりゃ　まるもうせんで
いきな　あのこわ　あかふんどうし
べんきょするのわ　おじょろかい(じょろかい　だけで)
おやわ　くろうを　するばかり

いつも鰹を釣ればマルモウセンで、粋なあの人は赤フンドシ、勉強するのは女郎買いだけで、親は苦労をするばかりだ。

まるもうせん＝魚や農作物の収穫がまったくないこと。あかふんどうし＝なにももっていないこと。huNdousi<humi towosi(踏み通し)

613 おかいりか
げたを　だしましょ　はかせましょうか
みおくりゃ　ごめんよ　すとすと　かいり
いちえん　にえんじゃ　おじゃるな　さまよ(おじゃっちゃ　だめよ)

ごえん　あったら　また　おじゃれ

お帰りかい。下駄を出しましょ、はかせましょうか。見送りはしませんよ、さっさとお帰り。一円二円じゃいらっしゃらないで、あなた(いらっしゃってはダメよ＝お茶屋女の歌いかた)。五円(ご縁)あったら、またいらっしゃい。

キチコウ爺がよく歌った。

614 おかお　みたけりゃ　しゃしんが　あろに
はなしょ　したけりゃ　でんわが　あろに
こんな　べんりな　よのなかなのに
あわなきゃ　できない　ことも　ある

顔を見たければ、写真があるし、話をしたければ、電話があるし、こんな便利な世の中なのに、会わなければできないこともある。

615 おくやまで
ひとり　こめ　つく　あの　みずぐるま
だれを　まつやら　ただ　くるくると

こぬか　こぬかで　くろーわ　すれど
やがて　よに　でて　ままと　なる

奥山で、ひとり米をつくあの水車。だれを待つのか、ただくる(来る)くると、粉糠(来ぬか)こぬかで苦労はするけれど、やがて世に出て、ご飯(意のまま)となる。

616 きんたまや
ゆーべの　ところえ　いこうじゃ　ないか
おともするのわ　いといわ　せぬが
なかえ　はいれる　みじゃ　あるまいし
うらもん　たたいて　まつ　つらさ

金玉や、ゆうべのところへ行こうではないか。お供するのはいやではないが、中へはいれる身ではあるまいし、裏門をたたいて待つつらさよ。

しゃっぺん節

617 ことしゃ　よい　とし　ほうねんどしで

おかわ　まんさく　はまでわ　たいりょ
えでわ　ゆわいの　うた　おどり

今年はよい年、豊年の年で、陸は豊年万作、浜では大漁、家では祝いの歌、踊り。

618 こもちゃ　しちめんどうで（こめんどうで）　こもたずか　よけ
そごん　おしゃれどう　こもたずものわ
みちん　たつのが　さめしけぞ

子持ちは面倒で、子どものない人こそがよい。そうはおっしゃるが、子どものない人は、葬式で道に立って送ってくれる人がすくないよ。

力強調形　そごん＜そが　やうに　おしゃれどう＜おしゃれども

619 しょうがつの
かたい　もちでも　ゆだんわ　ならぬ
ふたつ　なかよく　かさなりゃ　すれど
すえにゃ　やいたり　ふくれたり

正月のかたい餅でも油断はならない。二つなかよく重なりはするが、
末には焼いたりふくれたり。

620〜622は字余りに移動。

623 はちじょ　かんみなとにゃ　よつせが　ござる
おもいきる　せと　また　きらぬ　せと
きてわ　あう　せと　あわぬ　せと

八丈の神湊には四瀬がござる。思い切る瀬とまた切らぬ瀬と、来ては会う瀬と会わぬ瀬と。391

624 ふでを　はしらに　すずりを　ふねに
かいた　ふみおば　ほに　まきあげて
じつと　まことを　にもつに　つんで
あいの（こいの）　みなとえ　そよそよと

筆を柱にして、硯を船にみたてて、書いた手紙を帆にまきあげて、
実と誠を荷物に積んで、愛の（恋の）港へそよそよと。

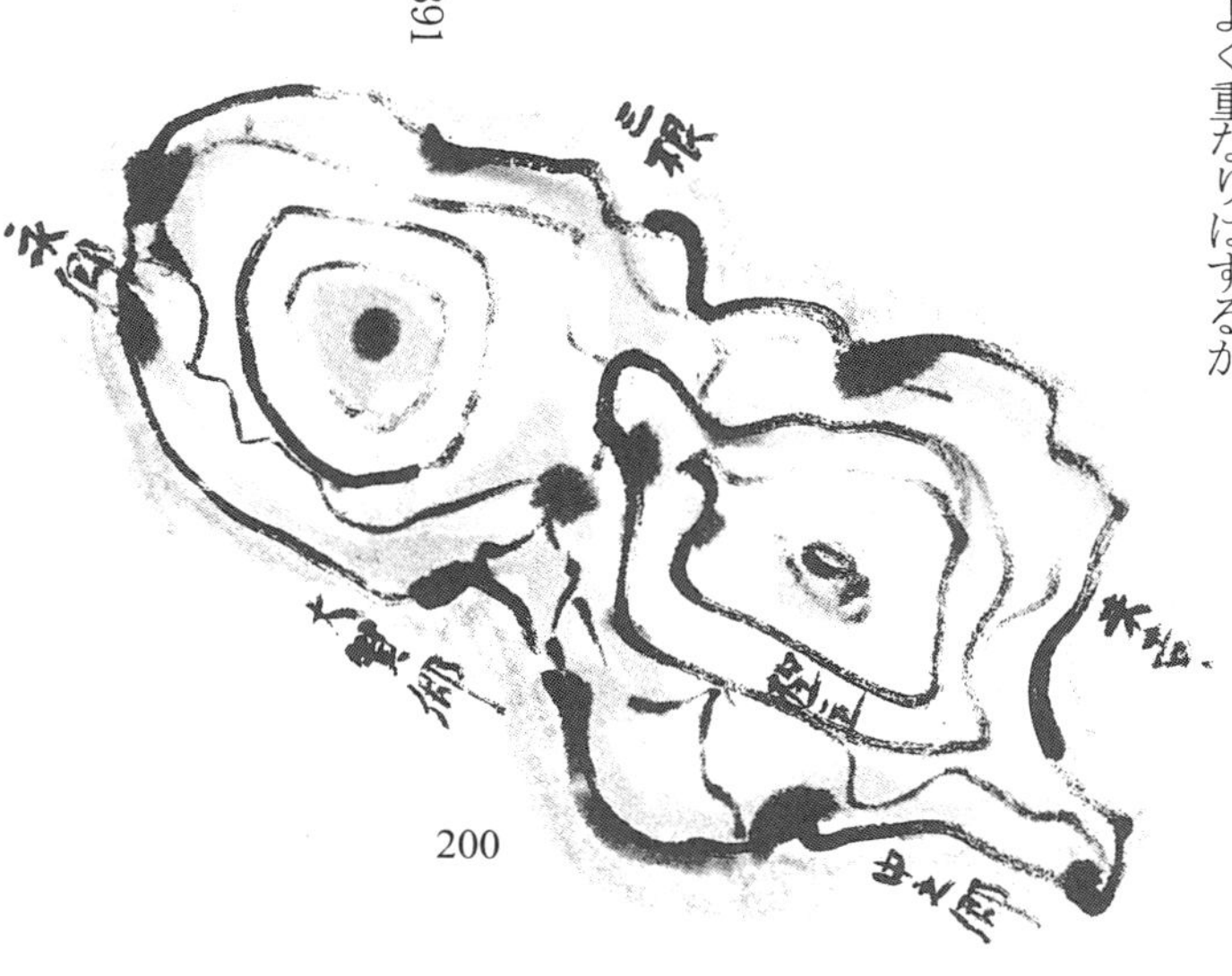

625 よめいりの
きょうの　この　ひを　わするな　むすめ
しゅーと　こじゅーと　たいせつに　して
だんなさま　だいじに　すえ　ながく

嫁入りのきょうのこの日を忘れるな、娘よ。姑、小姑を大切にして、旦那さまを大事に末長く。

626 わいと　どうへーわ　みな　えんずこに
こころ　じゃけんで　のこるじゃ　ないが
みめが　わるいので　のこされた

私と同輩の人はみな縁づくのに、心が邪険で残るのではないが、見目が悪いので残された。

627 わいと　どうへーわ　みな　えんずこに
みめが　わるくて　のこるじゃ　ないが

こころ　ひとつで　のこされた

私と同輩の人はみな縁づくのに、見目が悪くて残るのではないが、心一つで(気だてが悪いので)残された。

628 わがナ　ままほーが　もりたる　めしわ

ふじの　やまより　たかくちゃ　あれど

おつゆ　かけたりゃ(かければ)　わんの　しぎ(わんなかに)

私の継母が盛ったご飯は、富士の山より高くはあるが、おつゆをかけたらお椀の底だ(お椀のなかだ)。

▼しょめ節の二段節についてのメモ▲

しょめ節の基本構造は七七七五であるが、そのあたまに、七七、五七七、七七七七、五七七七七をたした、七七・七七七五、五七七・七七七五、七七七七・七七七五、五七七七七・七七七五というのが二段節である。

七七・七七七五には617・618・623・626などがあり、五七七・七七七五には619・625が、また、七七七七・七七七五には610〜612・614・624が、五七七七七・七七七五には613・615・616などがある。

六　春山節　（桑つみ歌）

629 いきな　はるやまで　かべー　もぐ　さまの
おかお　みたさに　もーりみち（とうもーり）

粋な春山節で桑の葉をもぐあなたの、お顔を見たさにまわり道（遠回り）。
かべー＝桑の葉　もーりみち＝ウタコトバ的　とうもーり＝口語的

630 おそろしけじゃな　たにん［め］の　くちわ
はるの　おきっこの　くちよりも

おそろしいものだ、他人（姑、小姑）の口というものは。養蚕の起き蚕（最後の脱皮直後に、二分間ほど苦しそうなおそろしい表情をみせる）の口よりもおそろしい。

オキばんまがよく歌った。

631 おりの　めんどに　かのきを　なべて
はるー　たのしめ　でーねんの

家の石垣の穴に桑の木を植えて、来年の春（養蚕）を楽しみに待ちなさい。

おり=石垣　めんど=穴　r>d　熊おじが十二歳ごろの作

632 ともだちょ　たのめば　じせつを　まてと
じせつ　まつなりゃ　たのみゃ　せぬ

友だちに仲介を頼んだら時節を待てと言う。時節を待つのなら頼んだりはしないのに。

633 はるが　きたろう　しょくなく　ありやりや
のー　にょこ
ないて　つげろじゃ　うぐゆすめ(が)
ぼういかーいい？
まーだ　おーぼかーい

春が来たのを知らないでいたら、(ねえ、長女よ。)ウグイスが鳴いて告げるねえ。(大きくなったかい？　まだオボカだよ。)

しょくなく＜著《しろ》くなく　ありやりや＜ありあれや　にょこ=長女　ぼういへをほい　オボカ=初桑。脱皮後最初に与える桑葉。全部で五回あり、ここでは四眠脱皮後の最後の桑。

634 はるに　なりやこそ　きの　めも　めだつ
のー　ばんま
さまも　じせつを　まつが　よい
あだどーい　もげどーかーい
まーだだらーい

春になればこそ木の芽も芽ぶいてくる。(ねえ、おばあさん。)だから、あなたも時節を待ちなさい。(どうだい、桑がもげたかい？　まだだよ。)

635 はるの　うぐゆす　なつ　なく　せみも
おなし　じせつに(きせつに)　なかせたい

春のウグイスも、夏に鳴くセミも、おなじ時節に(季節に)鳴かせてみたいものだ。

636 はるの　つみぐさ(のに　でて)　わが　こを　つれて
よめな　さがして　さいと　する

春のつみ草(野に出て)、わが子を連れて、ヨメ(嫁)ナを探して　おかず(菜・妻)とする。

509 640

637 はるの のに でて うたわぬ ものわ
はらに やんごの ありげなら

春の野に出て歌わないものは、腹に私生児(闇子?)がいるのかもしれない。
ありげなら＜ありげなろわ

638 はるの よめなに つみのこされて
あきにゃ のぎくの はなざかり

春のヨメナに摘みのこされて、秋には野菊の花盛り。

639 はるわ はや くる かのめわ めぶく
めぶく かのめわ みな おかね

春はもうやってくる。そして桑の芽は芽ぶく。芽ぶく桑の芽はみなお金になる。

640 へたな よめより よめなを つめば

それが　あなたの　さいと(に)　なる

へたな嫁よりヨメナを摘めば、それがあなたのおかず(菜・妻)になる。

641 むぎわ　ほに　でる　かのめわ　めぶく
まつわ　ごように(と)　でるわいな

麦は穂に出る。桑の芽は芽ぶく。松は五葉に出ることだなあ。

642 めならべ　どけい　わそ　くびん　かごう　かけて
あすの　おぼかの　かべーもぎー

娘さんよ、首に篭をかけてどこへ行くの？　あすのオボカ(初桑)のための桑もぎに。マツノさんの返事を歌にした。熊おじが数え年十三歳ごろの作。

643 わりやナ　うとーしが　でて　はるやまで
わがナ　こころの　はれろほど

私は、歌わずにはいられない、春山へ行って。私の心が晴れるほどに。

うとーし(が)＝歌いたいなあ、という願望をあらわす形　でて、はるやまで＝この語順は八丈方言に特徴的なもの。

七　糸繰り歌

644 いとわ　せんたび　きれよと　つなぐ
さまと　きれたりゃ　つながれぬ
糸は千回切れてもつなげるが、あなたと切れたら、もうつなぐことはできない。
035　036　647

645 おまいも　じゅーく　みも　じゅーく　わくの　いと
どちらが　たつやら　たたぬやら
おまえも十九、私も十九。枠の糸のようなもので、どちらがさきに糸がなくなるか(辛抱しきれなくなるか)。
みも＝身も　たつ＝枠の糸がなくなってしまうこと、辛抱しきれなくなること。　字余り

646 おもいそくない　かんがいちがい

わくの　いとなら　くりかいす（くりかいる）

思いそこないだった。考えちがいだった。枠の糸ならまたくりかえすのに〈相手のこと〉（くりかえるのに〈自分のこと〉）。

明治以前　503　647

647 わくの　いとなら　ただ　くりかいる
さまの　ごえんわ　かいりやせぬ

枠の糸なら、すぐまた回ってくるが、あなたとのご縁は一度切れたらもう戻らない。

503　646

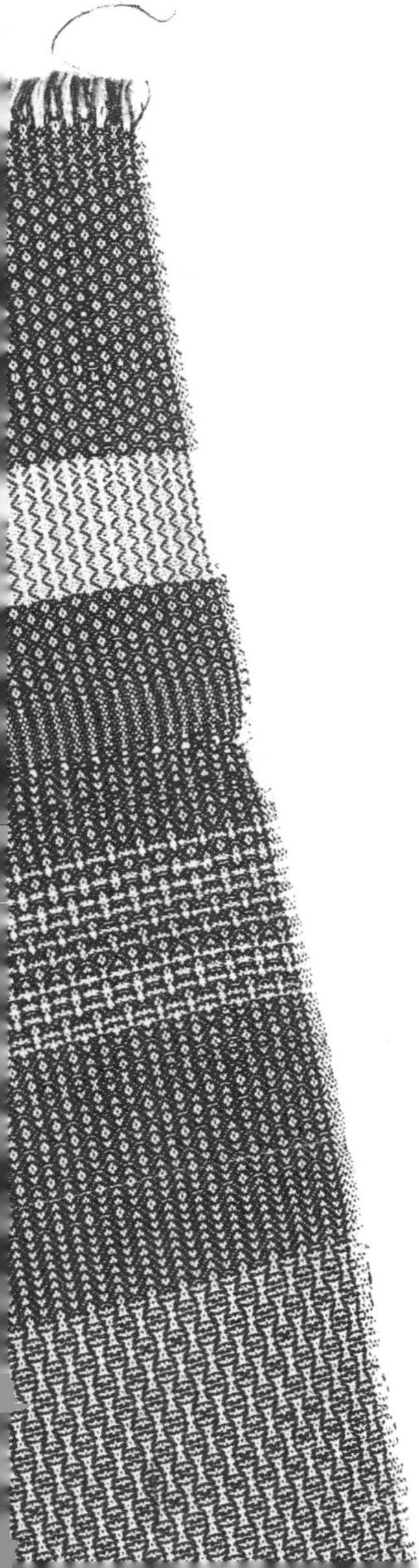

八　とよん節（糸撚り歌）

648 いとう　よるのわ　この　つきばかし
はやナ　でこうつきゃ　おろばかし
糸をよるのはこの月だけだ。もう来月は、織るばかりだ。
旧のお盆明けぐらいまではさかんに糸をつむいだ。そのあと染め屋に出して旧の十月ぐらいから織り始める。三根では明治中ごろまで糸をよった。
明治以前

649 とよんぶしとわ　ななふし　やふし
おたんぶしとわ　ここのふし
とよん節とは七節八節、おたん節とは九(ここの)節。

650 とんじんざるめが　くものエい　かけいしゃーて
あっちゃん　こっちゃん　はしりみく

クモがクモの巣をかけようとして、あちらへこちらへと走ってあるく。
とんじんざる＝クモの一種（唐人猿）　かけいしゃーて＝意図形　みく＝歩く　字余り

651 はちじょ　ばんまが　くるまの　おとわ
どこで　きーても　ほどが　よい

八丈のおばあさんの糸車の音は、どこできいても程よい音だ。

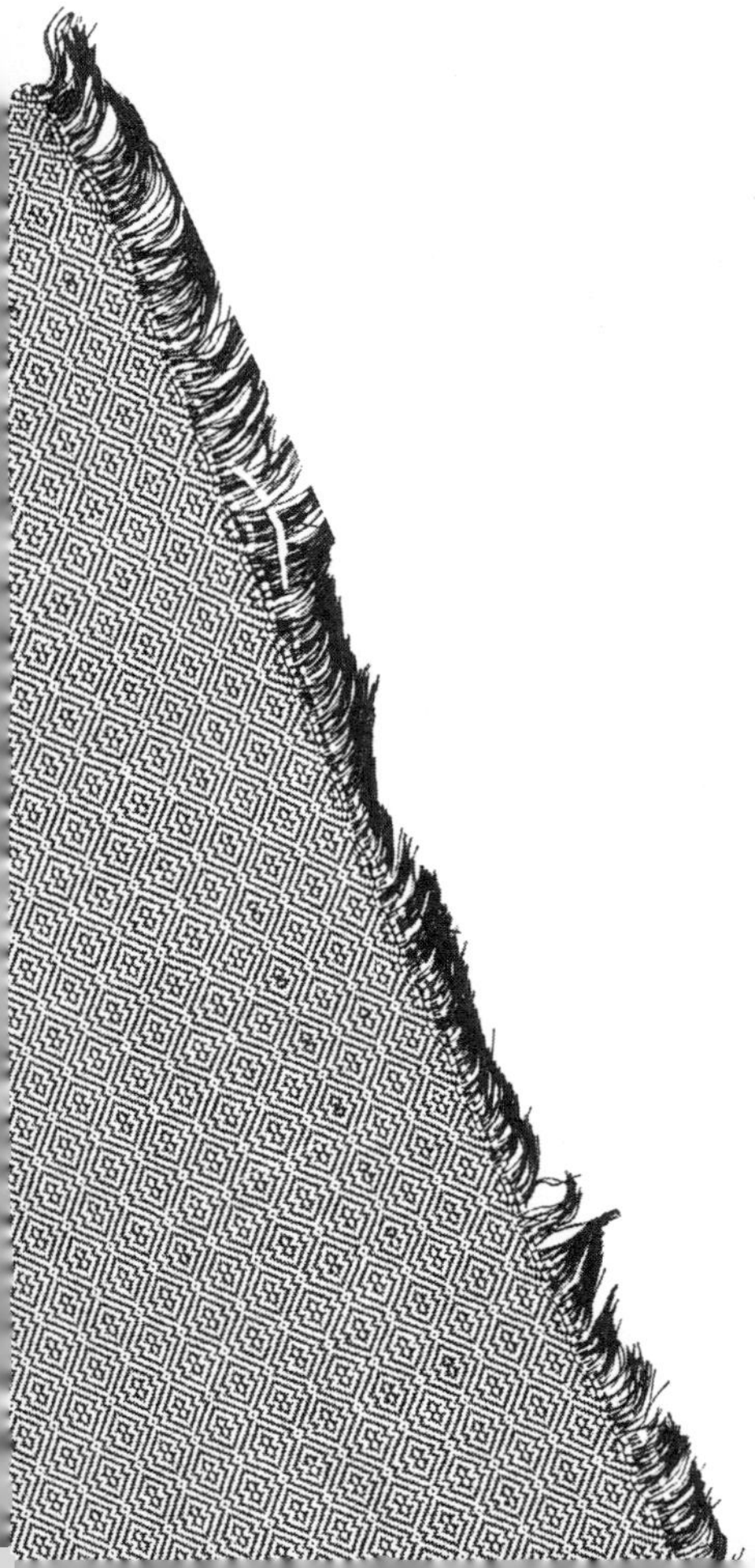

九　田植え歌

652 いまじゃ　どろたて　こしょ　やむけれど
あきにゃ　いなほが　おじぎょ　する
いまは泥の田圃で腰を病んでいるけれど、秋には稲穂がおじぎをする。

653 きょうの　ひよりに　うえたる　なえわ
くきが　さんじゃく　ほが　ししゃく
きょうの日和に植えた苗は、茎が三尺で、穂が四尺。

654 わしの　こころと　たばらの　たぶわ
ままに　なる　ひを　まちこがす
私の心と田圃の稲は、ご飯（あなたの思いのまま）になる日を待ちこがれている。537

十　あきた　（ものつき歌　秋田）

655 ソラ　ヒョイサー　コラサー
つけどイ　つけんのーじゃナイ　このイ
　ソラ　ヒョイサー　コラサー
このイ　ごじょうヤレ　まいわヨ　ソラ　ヒョイサー　コラサー
これわイ　おくらのヨイ　したイ　ソラ　ヒョイサー　コラサー
したナ　ずみかイ　ソラ　ヒョイサー　コラサー　ソラ
つけたら　むけたら　おんしょう　おしょこめ
　どう　どれ　かぶなめ
おエどの　みやげに　しょって　いけ　もって　いけ　ソラ
やいねが　はままで　ヒョイサー　コラサー　ソラ

いずみの　こめだら　くだけわ　わたくし　ようけの　こくだらィ
ソラ　ヒョイサー　コラサー

いくらついてもつけないねえ、この御城米(強情米)は。これはお倉の下積みか。つけたよ、むけたよ。恩賞は仔牛。櫓をとれ、カモメよ。お江戸のみやげに、しょっていけ、もっていけ、八重根ヶ浜まで。イズミの米だよ、砕け米は自分のもの、夕食の穀だよ。

ヒョイサーのイは鼻母音　御城米＝幕府から支給される飢饉などのための備蓄米　つけたら〜つけたろわ　むけたら〜むけたろわ　おしょこめ＝ちょんこめ、仔牛(朝鮮牛か)　どう〜ろを　いずみ＝八幡様近くの大きな水たまりのことで、ここの米は砕けやすい　こめだら〜こめであろわ

656 ついた　こめにもナイ　あらイ　あら　うちヤレ　まぜてヨ
ソラ　ヒョイサー　コラサー
よめが　ついたとヨイ　なをイ　なをナ　よばしょ(ながす・たてる)
ソラ　つけたら　むけたら　ヒョイサー　コラサー　ソラ
おんしょう　おしょこめ　どう　とれ　かぶなめ　ソラ

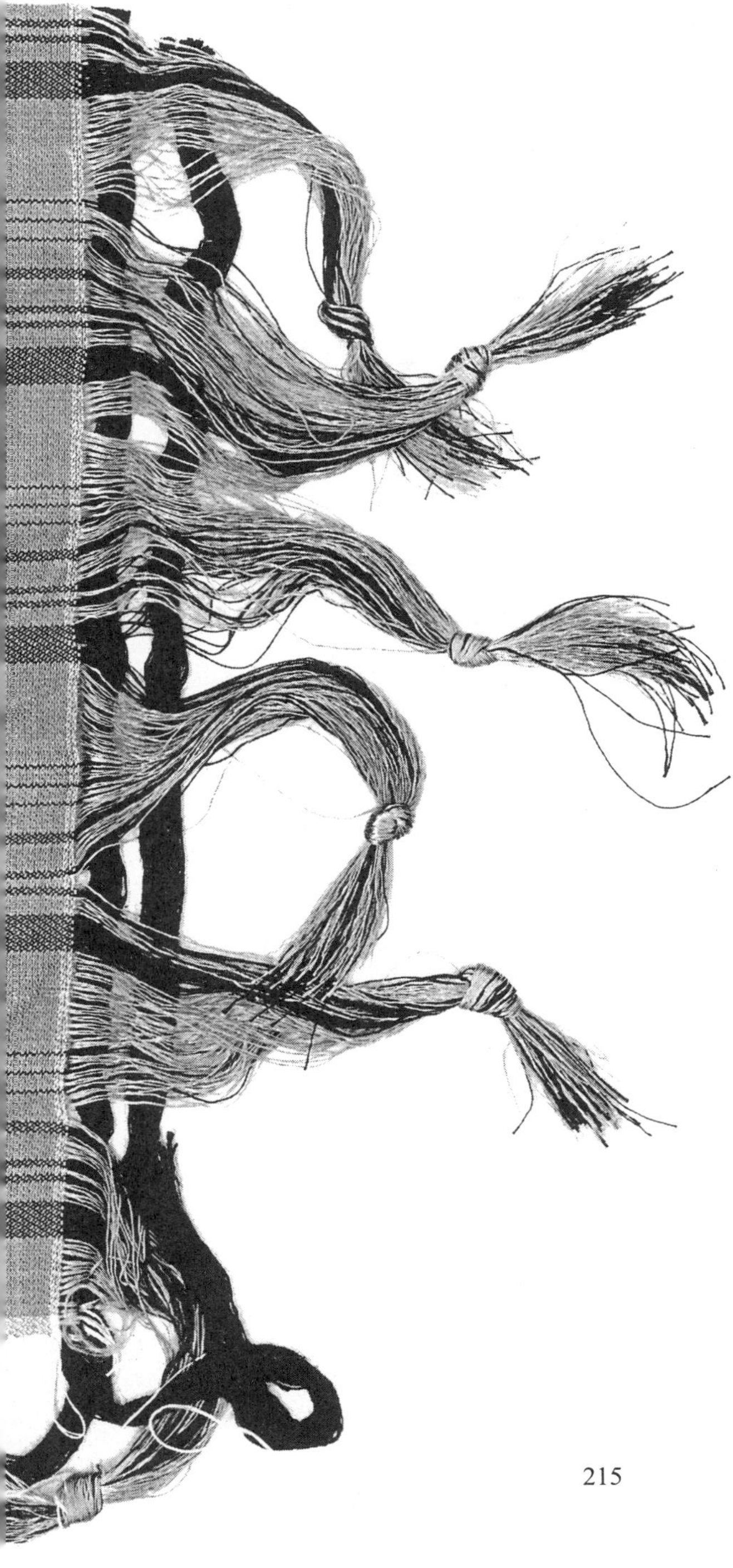

おエどの　みやげに　しょって　いけ　もって　いけ　ソラ

やいねがはままで　ヒヨイサー　コラサー

やっとついた米にもアラ(粗。悪い部分)をまぜて、嫁がついたと名をたてる(ながす)。米がつけたよ、むけたよ、恩賞は仔牛、櫓をとれ、カモメよ、お江戸の土産に背負っていけ、持っていけ、八重根が浜まで。

十一　ぼーほえ　（牛追い歌）

657 つのうナーエーイ　おられて（もがれて）　ざんねんなれどーイ

ふじのナーエーイ　すそのにゃ　われ　ひとり　ボーホーナーイ

角をおられて（もがれて）残念だけれど、富士のすそ野にはおれひとりだ。

明治以前

658 ふじのナーエーイ　すそののエー　はんしちぞくめーイ

つのうナーエーイ　もがれて（おられて）　ざまお　みろ

ボーホーナーイ

富士のすそ野にいる、半七のどうもうな雄牛め。角をもがれて（折られて）ざまを見ろ。

ぞく＝雄牛

▼「ぼーほえ」についてのメモ▲

「ぼー」はボウキャ（大きい）の「ボウ」、「ほえ」は「ほえる」に由来するヘイロワ（大声を上げる、大声で泣く）からきたものとみられる。

十二　木遣り

659 えいだみやまから　きを　きりだして
ふねを　つくりて　りょうを　する

エイダミ山から木を切り出して、船を造って漁をする。
えいだみやま＝登竜峠のちかくで良い木があった　江戸・明治初期

660 めでた　めでたや　しょうはちぶねわ
はつの　しんみちょ　おろされて

めでためでたや、ショウハチ（船主の名）船は、初の新道を下ろされて。

▼「木遣り」についてのメモ▲
新造船を綱や丸太のコロを使って港まで運び出すときの歌。船には初潮前の女性を船霊さまとしてのせた。木遣りでは、海が荒れるからという理由で太鼓はたたかない。

十三　八丈追分

199 とりも　かよわぬ　はちじょがしまえ
やらるる　この　みわ　いとわねど
あとに　のこりし　つまや　こが
どーして　つきひお　おくるやら
おもえば　なみだが　さきに　たつ

鳥も通わぬ八丈島へ送られる、この私のことをいといはしないが、あとに残った妻や子が、どうやって月日を送ることやら、それを思うとすぐ涙が出てしまう。

十四　あいこの　じょーさ

662 あいこ　あいこが　にど　はやるとも（はやろうと）
わするまいぞよ（ぞえ）　じょうさぶしょ

あいこあいこが二度はやろうと、忘れるまいぞ、ジョウサ節を。

663 あいこ　あいこで　はてしが　つかぬ
はてしょ　つけたや　にし　ひがし

あいこあいこではてしがつかない。はてしをつけたい、西東。

664 おうさかの　われまま　なけりゃ（われまま　いかば）
くわで　ならいて　かなてこ　いれて
ひとつ　ざいしょに　して　みたきゃ

大坂峠の割れた崖がなければ（大坂峠の割れた崖が意のままになるなら）、クワでならしてカナテコを入れて、ひとつの在所にしてみたい。

ならいて〈ならして

665 おみゃな　わそどーか　この　くろ　ふねで
おもう　われいわ　ふりすてて
〈セリフ〉こうせんけーごうよヨウ　かするなよう　わがこ
あう

あなたはいらっしゃるのか、この黒(来る)船で。あなたを思う私を振りすてて。

〈セリフ〉コウセン貝をね、忘れないでね、わが子よ。

(返事)はい。

わそどーか〈わそだろか　われいわ〈われをは　こうせんけーごう＝麦焦がし(コウセン)をすくって食べるのに使う貝殻(けーごう)

666 じょーさ　じょーさと　なばかり　よいが
どんな　じょーさか　みたいもの
ジョウサジョウサと、名ばかりよいが、どんなジョウサか見たいもの。

十五　すがる

667 かぎやま　ぎんたろうわ　なかの　よけ　ふーふ　ナー
ソラ　キナヤレ　キナヤレ
いつも　おかなと　コリャ　でて　はたく　ナイ　ソラ　キナ　キナイ
ソラ　ソコラデ　ヤラカセ

鍵山銀太郎は仲のよい夫婦。いつもオカナと行って太鼓をたたく。
鍵山銀太郎と妻オカナが底土で自作自演した。　大正末

668 こいで　ききとれ　すがたで　みとれ
うたの　もんくで　さとれ　さま

声で私だと聞きとれ、姿で私だと見てとれ、歌の文句で私だとさとれ、あなたよ。
明治以前　069

669 すがるに　おみよが　なこじょナーイ
ソラ　キナヤレ　キナヤレーイ
こわい　ふなのりょーイ　だが　させろナーイ
ソラ　キナ　キナイ
スガル（縋る?・津軽?・）に、オミヨが泣くよ。こわい船乗りをだれがさせるのか。

670 たいこ　たたいて　うきうき　しやれ
みから　やまいの　ぬけろほど
太鼓をたたいて、うきうきしなさい、身から病が抜けるほど。

671 たいこ　たたいて　ごきゅーりょうが　あわば
わしも　たたいて　くらしたい
太鼓をたたいて給料があうのなら、私もたたいて暮らしたい。

672 たいこ　たたいて　ひとさま　よせて

わしも　あいたい　ひとが（さまが）　ある

太鼓をたたいて人を寄せて、私も会いたい人がある。
野口雨情？

673 たいこ　たたいて　ひとよせ　よせて
だれが　くるかと　かどに　たつ

太鼓をたたいて人集めをして、だれが来るかと門（入り口）に立つ。

674 としわ　とっても　すけけんじょうで
ひとが　てを　ひきゃ　でて　はたく（おどる）

年はとっても元気いっぱいで、人が手を引けば、行って太鼓をたたく〈すがるで〉（踊る〈しょめ節で〉）

675 わしが　よぶのに　なぜ　でて　あわぬ
わしの　ねいろを（よぶねを）　わすれたか

私が呼んでいるのになぜ出てきて会ってくれないの。私が呼ぶ太鼓の音色を忘れたの。

十六　なぜまま節

676 さまわ　江どがわ　わしゃ　はちじょがわ
なかわ　だいかわ　ままならぬ
あなたは江戸側(川)、私は八丈側(川)、なかは大川(黒潮)で、ままならない。
明治以前

677 なじょまま　なじょまま　ならぬ
ままに　なる　みを　もたせたい
どうして、意のままにならないのか、ままになる身を持たせたい。

678 ままに(と)　ならなきゃ　こめい　とんで(といで)　せいて(かけて)
したで　ひを　むしゃ(もしゃ)　ままと　なる
意のまま(飯)にならなければ、米をといでカマドに据えて(かけて)、下で火を燃やせば飯(意のまま)になる。

679 ままに　なるなら　といだけ（とよだけ）　かけて
みずに　たよりが（を）　して　みたい

意のままになるなら、樋竹をかけて、見ず（水）に便りをしてみたい。

680 ままに　なるよで　ままにも　ならぬ
うわき　おとこに（おなごに）　やすどけい

意のままになるようで、ままにもならない、浮気男に（女に）安ものの時計。

十七　かんちろりん

かたい　よーでも　コリャ　ゆだんわ　ならぬネ　コリャ
とけてサ　かんちろりん
ながるる　ヤイヨノサァ　ゆきだるまネ　コリャ
こいつも　じつだよ　かんちろりん

固いようでも油断はならない。とけて流れる雪だるま。これも本当だよ、カンチロリン。　181〜182

かたい　よーでも　コリャ　ゆだんわ　ならぬネ　コリャ
ゆわもサ　かんちろりん
くだけて　ヤイヨノサァ　ざりと　なるネ　コリャ
こいつも　じつだよ　かんちろりん

固いようでも油断はならない。岩も砕けて砂利となる。これも本当だよ、カンチロリン。　181〜182

このナ　かんちろりんを　コリヤ　わるいと　ゆえどネ　コリヤ
これもサ　かんちろりん
よけ　うた　ヤイヨノサァ　こがねうたネ　コリヤ
こいつも　じつだよ　かんちろりん

このカンチロリンを悪いと言うけれど、これもいい歌、黄金歌。これも本当だよ、カンチロリン。

さけに　うどんに　コリヤ　てんぷらお　くわえネ　コリヤ
ごかんじょうわ　かんしろさん
いくらだと　ヤイヨノサァ　つきに　きけネ　コリヤ
ごちそうさま　おびんねい

酒にうどんにてんぷらを加え、お勘定は、(旦那の)カンシロウさん、いくらだと(娘の)ツキに聞け、ごちそうさま、(おかみさんの)おビン姉。

十八　すっとことん

ソーラ　スットコトン　ハー
スットコ　スットコ　スットコトン
いけのサーエ　ソーラ　スットコトン
どんじょーめが　あさ　うかびでて
あさひにゃ　かがやき　ようひにゃ　ぴらぴら
ごくもの　なかから　かをう　だす
ソーラ　スットコトン　ハー
スットコ　スットコ　スットコトン

池のドジョウが、朝浮かびでて、朝日には輝き、夕日にはピラピラ、水に浮かぶゴミのなかから顔を出す。

机の上などで、スットコトンということばにあわせて、両手を放り出すようにして、ひじ、手首、指の関節の順に音を出す。

ソーラ　スットコトン　ハー
　スットコ　スットコ　スットコトン
わがナ　サーエ　ソーラ　スットコトン
　ばんまわ　とんめてに　おきて
かまどの　どんぼうで　かんもう　やきやき
　おやりょ　ひねって　ひを　おくる（くらす）
ソーラ　スットコトン　ハー
　スットコ　スットコ　スットコトン

私のおばあさんは、朝はやく起きて、囲炉裏のまんなかでサツマイモを焼きながら、屑繭を糸につむいで日を送る。

とんめてへつとめて

十九　十七

じゅーしちが
　しのぶ　ほそみち
　　こふじが　さがりて　しのばれぬ
この　ふじを
　きりて　たぐりて
　　たばねて　かさねて　よを　あかす

十七が、しのぶ細道、小藤が下がって忍ばれぬ。この藤を、切って、たぐって、束ねて、重ねて、夜を明かす。

やまやまの
　たにの　しみずわ

よる　ひる　おちれど　なが　たたぬ
あさましや
おんなの　みのうえわ
いちや　おちずに　うきな　たつ

山のなかの谷の清水は、夜昼落ちても浮き名など立たないのに、あさましいことだ、女の身の上は。一夜も落ちないのに、浮き名が立つとは。

じゅーしちが
みずに　うつりし　あの　あおやぎの
やつれる　はずだよ　やみあがり

十七が、水にうつった、あの青柳の、やつれるはずだよ、病み上がり。

二十　走り舟

はしろ　ふねにか　わしゃ　のりたけが
あとの　わがみよわ　どう　なさろ

走る船にこそ私は乗りたいのです。あとに残されたわが身はどうなさるつもりですか。
ふねにか〜のりたけが＝力強調形　わがみよわ＜わがみをは　どう　なさろ
＝疑問詞疑問文で連体形終止　後半の文句はちがっているかもしれない。

二十一　相撲甚句

むすめ　じゅーしちはち　よめいりざかり
たんす　ながもち　はさみばこ
これほど　したてて　やるほどに
かならず　もどろと　おもーなよ
もーし　ととさま　そりゃ　むりよ
もーし　かかさま　そりゃ　むりよ
にしが　くもれば　あめとやら
ひがしが　くもれば　かぜとやら
さんじゅーごたんの　ほお　まいた

せんごく　つんだる　ふねでさえ
おいて　かわれば　でて　もどる
まして　わたしわ　よめじゃもの
エんが　なければ　でて　もどる

娘、十七、八、嫁入り盛り、箪笥、長持ち、はさみ箱、これほど仕立ててやるのだから、絶対に戻るとは思うなよ。ねえ、お父様、それは無理ですよ。西が曇れば雨だそうだし、東が曇れば風だそうだし、ねえ、お母様、それは無理ですよ。三十五反の帆を巻いた千石積んだ船でさえ、追風が変われば戻ってきます。まして私は嫁だもの、縁がなければ戻ってきます。

二十二　八木節

すずきまんきち　ぶたやの　おやじ
ぶたが　ひやっぷき　いぬめが　にーき
それに　つずいて　しんめの　こぞう
しばん　かるにわ　あざみお　よらむ
どぶお　ささぐわ　じゅーよし　おやま
いもに　かんもに　じゃがたらいもに

鈴木万吉はブタ屋のオヤジ、ブタが百匹、イヌが二匹、それに続いてシンイチロウ(ジュウヨシの息子)のネコ(小僧)、シバに刈るにはアザミをえらぶ、ドブ(濁り酒のかす。ブタのエサ)をささぐのはジュウヨシ(女)とオヤマ(女)、サトイモに、サツマイモに、ジャガイモに……

ひゃっぷき=匹は、いっぷき、にーき、さっぷき、しーき、ごーき、と数えた。トノサにも　しば=牛などの飼料にする草

はちじょじまなる　かいさんぶつわ
とびに　かつおに　まぐろに　いかに
あぶき　めっとー　てんぐさ　さいみ

八丈島の海産物は、トビウオにカツオにマグロにイカに、トコブシ、メットウ(貝の一種でタカセガイ)、テングサ、サイミ(着物の糊になる海草で、口語ではセーミ)。

はちじょじまなる　りくさんぶつわ
いもに　かんもに　じゃがたらいもに
はらに　たまらぬ　ほそずるかんも
やまに　のぼりて　すみ　ぜーむくよ
つばきあぶらに　きいとに　こたね
はちじょめならべに　たんごの　まだら

八丈島の陸産物は、サトイモ、サツマイモに、ジャガイモに、腹にたまらないホソヅルカンモ、山にのぼって炭、材木、椿油に、生糸に、蚕種、八丈娘に丹後(黄八丈)の晴れ着。

はちじょじまにわ　ごかそん　ござる
ついて　のぼるが　みつねの　むらよ
それに　つずいて　おうかごむらよ
さかお　のぼりて　かしたてむらよ
なかに　はさまる　なかのごむらよ
すエで　よいのが　すエよしむらよ

八丈島には五ヵ村がござる。ついてあがるのが三根村、それにつづいて大賀郷村、坂をのぼって樫立村、なかに　はさまる中之郷村、すえでよいのが末吉村。

二十三　神津節

しまの　はじめわ　おーしま〈大島〉ばらよ
としま〈利島〉　つまんで　うどねじま〈鵜渡根・宇土根島〉
としより　ふりして　きわ　わかご
はなの　にーじま〈新島〉　てに　とりて
まいはま〈舞浜〉　おきなる　じないじま〈地内島〉
それに　つずいて　はやしま〈早島（新島の南）〉よ
あれが　しきね〈式根島〉の　とまりしま〈泊り島＝式根島〉
おやの　ない　こが　こーずじま〈神津島〉
おやの　ゆくえお　たずねんと

さんぼんだけ〈三本嶽〉お　つエに　つき
みくらしま〈御蔵島〉なる　きやはんたび
おんばし〈恩走／恩馳島（神津島の西）〉　さして　ゆきたいが
ぜねず〈銭洲〉　なしてわ　ゆかれない
こんな　ところに［や］　いなんば〈伊難波〉と
ゆくさきや　くらき　あおがしま〈青ヶ島〉
あめつゆ　しのぐ　おがさわら〈小笠原〉
ちちお　たずねて　ちちじま〈父島〉よ
これが　こがるる　ははじま〈母島〉か
はちじょ〈八丈島〉たんごを　つみに　きて
めでたく　おさまる　みやけじま〈三宅島〉

二十四　せーもんくどき

（祭文口説き）

へー　あずまくだりの　さえもんどのが
こんにゃくざかなで　さけお　のみ
そのまた　ほねを　のどに　さし
これこれ　じょちゅー　これ　じょちゅー
この　ほね　おとす　くすり　くれい
もし　だんな　だんなさま
わたしゃ　おいしゃじゃ　なけれども
その　ほね　おとす　くすりにわ
ろくがつ　どよーに　ふる　ゆきと

はたけに　はえたる　はまぐりと
うみに　はえたる　たけのこと
みっつ　せんじて　のんだなら
どんな　ほねでも（そんな　ほねなら）　すぐ　おちる
ソラ　キナヤレ　キナヤレーイ　ソラ　キナ　キナイ

東下りの祭文読み殿が、コンニャクを肴に酒を飲み、そのまた骨をのどにさし、これこれ女中、この骨を落とす薬をくれ。もし、旦那さま、私はお医者ではないけれど、その骨を落とす薬には、六月土用に降る雪と畑に生えたハマグリと、海に生えたタケノコと、みっつ煎じて飲んだなら、どんな骨でも(そんな骨なら)すぐ落ちる。

へー　おぐりはんがん　まさきよどのわ
もとわ　きょーとの　くげの　こで
うまれて　やっと　みっつに　なれや
あおばの　ふエの　めいじんで

いけの　まわりで　ふエ　ふけば
いけの　だいじゃが　うかびでて
そこで　なぬかの　ちぎりを　むすび
そのまた　だいじゃの　ゆー　ことにゃー
わたしが　うぶやえ　たつ　ときにゃ
しほーわ　いたびら
あおてんじょうにわ　つりてんじょう
きいて　おぐりわ　びっくりぎょーてんつかまつりそーろー
ソラ　キナキナイ

のきばに　つるした　ほしだいこん
といて　くれろよ　この　ひもー

きょーから　こころー　いれかえて
あすから　こーこに　なるわいな

軒端に吊るした干し大根、解いてくれろよこの紐を、今日から心を入れかえて、明日から漬物（孝行）になりますよ。

にじっせーきの　みよじゃもの
かおや　きりょーにゃ　わしゃ　ほれぬ
こころに　ほれるのが　しんの　こい

オッサバ、オテツバの得意。

あなたの　おかおが　びじんでも
わたしの　おかおが　しゃくしでも
よめに　いく　ときゃ　おなしこと

あなたの　おつむわ　まっくろよ
わたしの　おつむわ　まっかだよ
いろの　あかいのも　くろいのも
つばきあぶらで　くろく　なる

うきよが　ままに　なるならば
するがの　ふじに　こしを　かけ
にほんぎんこー　かたに　かけ
でんしんばしらを　つえに　つき
すいた　おかたを　ひざもとに
せけん　しらずに　くらしたい

さくらの　やまも　ももやまも
はなが　さかなきゃ　ただの　やま
へー　そがきょーだいも　おーいしも
かたき　うたなきゃ　ただの　ひと　ソラ　キナイ

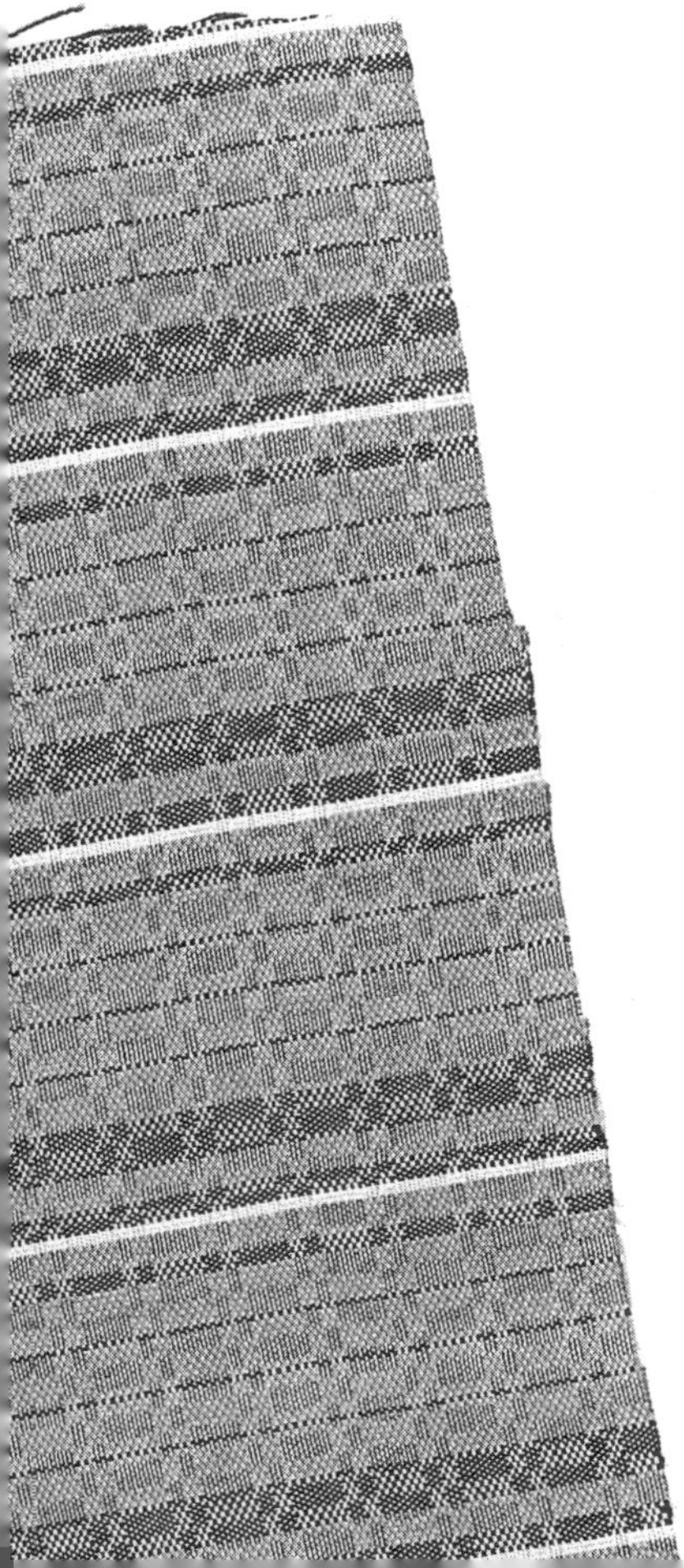

二十五　太鼓の 囃子

いもめと　てがめと　けんかして
　てがめが　いもめい　ほって　なげて
へげい　ぐりぐり　むしりとり
　とーらの　じごくい　いれられて
うしの　せなかに　のせられて
　にゃーの　すみっこい　ぶんまけて
ほうちょうで　がりがり　かわ　むかれ
　なべの　じごくい　いれられて
わんの　おふねに　のせられて

1972年　熊おじとおカエおばさん

にほんの　はしにて　はさまれて
のどの　ほそみち　とうる　ときゃ
くらくて　くらくて　わからねど
きくのごもんを　うちひらき
やがて　よに　でて　ふんと　なる

サトイモと手鍬がけんかして、手鍬がサトイモを放り投げて、毛をグリグリむしりとり、俵の地獄へ入れられて、牛の背中へ乗せられて、庭の隅っこへぶんまけて、包丁でガリガリ皮をむかれ、鍋の地獄へ入れられて、お椀の舟に乗せられて、二本の箸にはさまれて、のどの細道を通るときは、暗くて暗くてわからないが、菊の御門をうち開き、やがて世に出て糞となる。　しゃばたき(しらはたき＝色をつけないたたき方)

かわい　あのこに　あいうえお
まらが　おったち　たちつてと
させろか　させんのーか　さしすせそ

させなきゃ　せんずりょ《しゃばたき》　かきくけこ
ソラ　えてもの　おったて　ソラ
でて　きた　わたしわ　いやどわ　もうさぬ
なんでも　いーから　したから　つっこめ　ソラ
いま　ゆく　きが　ゆく　うんとこ　もちゃげろ
もちゃげが　たらぬど《しゃばたき》　ふとんが　よごれるイ

ソラ　キタサノ　サノ
さのきの　こんぴら　あかねの　じゅーしち
ねずみどのなる　ねーこけ　きんたま　ソラ
もーろくがんねん　やかんのとし

みみなしぼうずが　ゆたん　しょい
いろわ　きたない　ゆたんだが　ソラ
ぬいめわ　あれどに　ほころび　ない
ひかげにゃ　すめども　いろぐろく
ふらふら　すれどに　おちもせず
なかにわ　だいじな　きんが　ある
きんにゃ　きんだが　ひかりが　ない　ソラ
さおとわ　ゆえどに　もの　かけられない
こんちゃまた　ほんとに　きみょーな　ものだよイ
ソラ　キタサノ　サノ　さのきの　こんぴらイ
ソラ　キナキナ(マダマダ)

讃岐の金毘羅、茜の十七、ネズミ殿の小さな金玉、耄碌元年薬缶の年、耳なし坊主が風呂敷を背負い、色は汚い風呂敷だが、縫い目はあるけれどほころびがない、日陰には住むけれど色黒く、ふらふらするけれども落ちもせず、中にはだいじな金がある、金は金だが光がない、竿とはいうけれどものをかけられない、こいつはまた本当に奇妙なものだよ。　しゃばたき

ソラ　いなばの　はんだめ　おしもと　でかけりゃ
おさかが　エ　ぬきで　おやたちゃ　きお　もむ
そとみち　じゅーじめ　おきめと　でかけろ

稲葉のハンダユウ(男)がオシモ(妾)とでかければ、オサカ(本妻)が家を抜けでて親たちが気をもむ。外道のジュウジ(男)は、オキメ(女)とでかけろ。　すがる

ソラ　よへいが　ひあなの　おばたにゃ
つばきが　しでなりさがった　ソリヤ　キタサノ　サノイ

すがる

ハー　こーりゃ　こーりゃ　こーりゃむし
あとから　くるのが　いろおんな

いやでも　おうでも（あろーが）　ついて　こい

とのさ、ゆーきち

ハー　どっこいしょ　どっこいしょ

ハー　どっこい　どっこい　どっこいしょ

ハー　どけい　わそ　どっこいしょ

ハー　どっこじろうの　まました

抜け舟をからかったはやし。　とのさ、ゆーきち

やととん　とりこめ

中之郷。　やととん節

やととん　とろすけ　すけすけ　すけさぶろう

青が島。スケサブロウは三根の人。やととん節

ソラ　こっちわ　としょりで　そっちわ　じゅーしち

いまから　でて　いこ　はなだよ
ソラ　しちがつぼんだよ　はちがつぼんだよ
いちびの　はなだよ

いちび＝芙蓉　囃子全般

わらべ歌

一　へいなよう（ねむらせ歌）

へいなよう
　へいなよう
ねんねが　こもりわ　つらいもの
　おやにゃ　しかられ　こにゃ　なかれ
へびろー　たぼじょうちゃ　おそばなしで
　みつぎ　よつぎの　みさだおりょ
　　しきだしにゅーとうで　とじつけて
ひとよんべ　きるとわ　じゃーじゃーと
ふたよんべ　きるとわ　びーびーと
　みよんべめにわ　あてどなし

おったらで　およりやれ　わがナ　こさま

泣くなよ、泣くなよ。赤ちゃんの子守りはつらいもの。親にはしかられ子にはなかれ、着物をくださるというのはウソ話で、三種、四種ものあまり糸を継いで織った織物を、抜き取った古い縫い糸でとじつけて、一晩着ればジャージャーと、二晩着ればビービーと、三晩めにはどうしようもない。おとなしく眠りなさい、私が子守する赤ちゃんよ。

わがナ　こさまわ　えらいもの
まだ　まだ　ななつにも　ならないが
おうぎのナ　かなめに　いけお　ほり
そのナ　また　まわりにわナエ　たぶー　かせぐ
そのナエ　おたぶの　できの　よさわ
ひとかぶヨウ　かるとわナエ　ししぇんごく
ふたかぶ　かるとわナエ　ごしぇんごく

めしにヨウ　たくとわナエ　ふじの　やま
さけに　とるとわナエ　いずみざけ
のんで　ねろヨウ　くって　ねろヨウ　わがナ　こさま
へいなよう
へいなよう

私が子守する赤ちゃんはえらいもの。まだまだ七つにもならないが、扇のかなめに池を掘り、そのまたまわりには稲を作る。その稲の出来のよさは、ひと株刈れば四千石、ふた株刈れば五千石、ご飯に炊けば富士の山、酒に作れば泉酒。のんで寝ろ、くって寝ろ、私が子守する赤ちゃんよ。

へいなよう
へいなよう
ねんねが　こもりわ　つらいもの
おやにゃ　しかられ　こにゃ　なかれ

いんのう　まろじょうちゃ　びーびーと
しょんべんよ　しょじょうちゃ　じゃーじゃーと
へびろー　たぼじょうちゃ　おそばなしで…

泣くなよ。赤ちゃんの子守りはつらいもの。親にはしかられ、子には泣かれ。ウンコをするといってはビービーと、オシッコをするといってはジャージャーと。着物をくださるというのはウソ話で……。

ねんね　ねんねと　ねた　こわ　かわいが
おきて　なく　この　つら　にくさ
ねなけりゃ　ねんねんじょうに　しょわせろに
おきれや　おけの　はれー　たたきこもんて
おったらで　およりやれ　わがな　こさま

ネンネ、ネンネと、寝た子はかわいいが、起きて泣く子の顔はにくらしい。寝なければ、ネンネンジョウ(お化け)に背負わせるし、起きたら桶のなかへたたき込むからね。だからおとなしく眠りなさい、私が子守する赤ちゃんよ。

ような　あさなに　つめたくて
しゃしゃけ　ひょうろーも　かんじゃ　みず

晩も朝も冷たくあつかわれて、あったかい昼食も食べたことはなく。
しゃしゃけ＝熱い（連体形）

えどでわ　ちりめん　ちりめん　そだち
しまでわ　ぼろぼろ　ぼろ　そだち

江戸では縮緬、縮緬育ち。島ではボロボロ、ボロ育ち。

二　ふいちゃ　ばんま（月見の乞食歌）

こんこんちきじー　こんちきじー
めしょう　たべ　こんちきじー

いもう　たべ　こんちきじー
ふいちゃ　ばんま
よそうじの　いりじの
どよぞうどんねいの　どりごに
よめい　どって　けいしゃーて
ひどまで　たのんで
くにまで　でて　きて
そみの　さけい　つんで　きて
にごりの　さけい　つくって
おせいて　みたいどう
こじまの　ばくに　ひつつれて
うれいも　やじょうて[い]

これいも　やじょうて［い］
へんじべじーじゃ　なかろうか
とっぴき　とっぴき　とらへい
ききたく　なくても　きーて　たべ
ふいちゃ　ばんま
こんこんちきじー　こんちきじー　…

こんこんちきじーこんちきじー。飯を食べ、こんちきじー、芋を食べ、こんちきじー笛を吹きましょう、おばあさん。与惣次の入り路の、豊造殿の家の一人っ子に、嫁をとってやろうとして、人まで頼んで、クニまで行ってきて、清酒を積んできて、濁り酒を作って教えさとしてみたけれど、小島のバク(象皮病の娘)を好きになって、あの人もいやだ、この人もいやだといって、変わり者ではないだろうか。トッピキトッピキ(笛の音)、トラヘイ(一人息子の名。夜這いがすきで、小島までも通ったという)、聞きたくなくても聞いてください。笛を吹きましょう、おばあさん。

三　ててんくんくん

ててんくんくん
　しただみ　つぶつぶ
わがな　ほーわ
うしょう　くみー　でたっとろが（いかっとろが）
いしの　とんぐれから　つんむぐって
　ひんながれか　したんのう
でて　みろ　てごめ　でて　みろ　なかめ
　なっきゃ　ととう

テテンクンクン（鳩の鳴き声）。シタダミ（貝の一種）つぶつぶ。私のお母さんは海水を汲みにいっていたが、岩の高いところから海に落ちて、流れてしまったかも知れない。行ってみろ、三女よ。行ってみろ、次女よ。いないよ、お父さん。

四　じょーめ

じょーめ　じょーめ
くびじょーめ
なりゃ　どこん　ねどー
たばらの　はたん　ねどーじゃ
あにょ　きて　ねどー
くもぼー　きて　ねどーじゃ
その　くもぼーわ　あだん　しどー
やって　へーに　して
さんまんどうれー　ぶっちゃった（たばらの　なけー　ぶんのめた）

次男よ、次男よ、この次男め。おまえはどこに寝た？　田圃のあぜに寝たよ。なにを着て寝た？　シダの葉っぱを着て寝たよ。そのシダの葉っぱはどうした？　焼いて、灰にして、深い穴へ捨てたよ（田圃のなかに埋めたよ）。

年上のきょうだいが歌うときは「じょーめ」、年下が歌うときは「じょうせい（へジョウ アセイ）」になる。

からす　からす　かんねんぼう
なれが　こうわ　とんでーて
みそう　やって　ほうめて
かごやが　にゃーいー　ぶっちゃった

カラスめ。おまえの子を取り出して、味噌をやって口にふくませて、かご屋の庭へ捨てた。

ほうめて＝「ほほめて」からの変化　他人のものをすぐほしがる人をもカラスという。

五　からかい歌

どけい　わそ　ごうの　ひと
エーねがはめー　こうように
ひょうらわ　あんどー
いっぺー　はんぶん　はねごうせん(こうせんだ)
おかずわ　あんどー
さんねん　しゅーでの　てっかみそ
(わきぼねだ・わきがすだ・あぶらみそ)

どこへ行くの、郷の人。八重根が浜へミチゴウヨウ(道路工事)に。お昼はなーに。ハタゴ(二合五勺升)に一杯と半分の麦こがしだ。おかずはなーに。三年たった塩辛の鉄火みそだ（ワキボネだ・ワキガスだ・アブラミソだ)。

六　大山 小山

おうやま　こやま
ぴっかりどんの　はなつぼ
わにくち　おとどの　のどどの　かたどの
ひじどの　てのくび　てのさら
じんきち　じころび
せいなが　きっちょうどの　ことこと

大山(頭)、小山(額)、ピッカリドン(両目)の、鼻壷、鰐口、おとどの(顎)、のどどの、肩どの、手のひじ、手の首、手のひら、親指、人差し指、中指、薬指、小指。

子どもの注意をひいておとなしくさせるときの文句。頭から順に、手の指まで、手で押さえるという動作をともなう。

七　てごめ

てごめ　はなおりに　いかないか
なんの　はな　おりに
きくの　はな　おりに
いっぽんめにゃ　こしに　さす
にほんめにゃ　てに　さげる
さんぼんめにゃ　ひが　くれて
すずめの　やどに　とまって
（あとに「丁か半か」をくっつけて）
じゅーしち　はちなる　こんじょろが
こがねの　さかずきよ　もちだして

いっぱい　あがれな　おきゃくさま
にはい　あがれな　おきゃくさま
さかなが　ないとて　あがらんか
おいらの　さかなわ
たかい　やまの　たけのこ
ひくい　やまの　ひくだんご
こめの　なかの　こめがいら・・・

三女よ、花折りに行かないか。なんの花を折りに？　菊の花を折りに。一本めには腰にさす。二本めには手にもつ。三本めには日がくれて、スズメの宿にとまった。十七、八の娘が、黄金の杯をもちだして、一杯おあがり、お客さま、二杯おあがり、お客さま。肴がなくてあがらないか。私の肴は高い山のタケノコ、低い山の米だんご、米のなかの米ガユ。

八　丁か半か

なな　やわ　この　とう
なな　やわ　この　とう
ちょーか　はんか　また　かけて
またいちなんぞの　にょうぼーわ
だいても　しめても　もの　ゆわぬ
ものを　ゆわぬわ　どーり　あり
やっつで　べねかけ　かけさして
とーで　くまのえ　やったれば
くまのの　みちで　ひが　くれて
おてらえ　とまるわ　きつかいな

さかやえ　とまりて　あさ　みれば
じゅーしち　はちなる　こんじょろが
こがねの　さかずきょ　もちだして
いっぱい　あがれな　おきゃくさま
にはい　あがれな　おきゃくさま
さかなが　ないとて　あがらんか
おいらの　さかなわ
たかい　やまの　たけのこ
ひくい　やまの　ひくだんご
こめの　なかの　こめがいら
なな　やわ　この　とう　…

七、八、九、十、七、八、九、十。丁か半か、またかけて、又一などの女房は、抱いても締めてもものを言わない。ものを言わないのには理由がある。八つで紅をつけさせて、十で熊野へやったら、熊野の道で日が暮れて、お寺へ泊まるのは大変だ（気づかいだ?・）。酒屋に泊まって、朝見ると、十七、八の娘が、黄金の杯を持ちだして、一杯おあがり、お客さま。二杯おあがり、お客さま。肴がなくてあがらないか。私の肴は高い山のタケノコ、低い山の米だんご、米のなかの米ガユ・・・・。

九　おいもやさん

ひー　ふー　みー　よー
いつ　むー　なな　やわ　この　とう
とーから　くだった　おいもやさん
おいもわ　いっしょう　いくらです
さんじゅーごもんに　まけて　やる
ますを　だせ　ざるを　だせ

なな　やわ　この　とう
　なな　やわ　この　とう
　　峠からくだったお芋屋さん、お芋は一升いくらです。三十五文にまけてやる。升を出せ、ざるを出せ‥‥。

ひー　ふー　みの　よの
　おやまを　おはると　ながめて
うめに　うぐゆす
　ほほら　ほけきょと　さえずる
こちらの　おじさんわ　まゆが　ほそくて
　めが　ほそめで　はなわ　おてんぐ
くちわ　わにくち　かみわ　よこまい
　すりとん　すりとん

なな　やわ　この　とう
なな　やわ　この　とう

お山を春とながめて、梅にうぐいす、ホホラホケキョとさえずる。こちらのおじさんは、眉が細くて、目が細目で、鼻はお天狗、口は鰐口、髪は横前、スリトンスリトン……。

十　おつよ　おちゃだせ

おつよ　おちゃ　だせ　おたばこ　あがれ
おちゃも　たばこも　ごむようで　ござる
わがな　おつよに　やりたい　ものわ
べねに　おしろいに　にをいの　あぶら
つけて　ゆわせて　あとから　みれば

たぼが　さんじゃく　しまだが　ししゃく
かけた　もといわ
①しじゅごたば［ね］　しじゅごたば［ね］
②しじゅごたばね　ごたばね　なな　やわ　この　とう…
③しぶごたばね　しぶごたばね　なな　やわ　この　とう…

おつよ、お茶をだせ、おタバコをあがれ。お茶もタバコも無用です。私のおつよにやりたいものは、紅、白粉に、匂いの油、つけて結わせてあとからみれば、タボが三尺、島田が四尺、かけた元結いは①四十五束ね、四十五束ね。②四十五束ね、五束ね。③四分、五束ね、四分、五束ね。

十一　おねんじょさま

おねんじょさまよ　こうじんさまよ
よめいりょ　しょ　ときにゃ　あかげた　はいて
ぽかぽか　させて　いそいで　まいる

オネンジョさまよ、庚申さまよ。嫁入りをするときには赤下駄はいて、ポカポカさせて、いそいで参る。

おねんじょ　しまくり　しまくりの　ばんわ
どなたの　ばんよ　あなたの　ばんよ　（おとしちゃ　はじよ）
しってんから　ばってんから　しょーじきなら　わたす

オネンジョ、尻まくり(?)、尻まくりの番は、どなたの番よ。あなた(人名がはいる)の番よ。落としちゃ恥よ。しってんからばってんから、正直なら渡す。

十二　山王の　おさるさま

さんのーのーの　おんさるさまわ
あかい　おべべが　だいおすき
ゆうべ　えべすこーに　よばれて　いったら
たいの　やきもの　こばんの　すいもの
（こばんの　やきもの　たいの　すいもの）
いっぱい　おすすっすーら
にはい　おすすっすーら

山王のお猿さまは、赤い着物が大好き。ゆうべ恵比須講に呼ばれていったら、鯛の焼き物、小判の吸物（または、小判の焼き物、鯛の吸物）、一杯すいます、二杯すいます。

十三　お手玉歌

こけこの　ばら　さいたか　どーん
　さかないか　どーん
おえどの　さくらちゃんわ　ひらいたか　どーん
ひらかないか（つぼんだか）　どーん　（ここでお手玉をひとつ上に高くあげる）
のってこ　よー
　ひー　ふー　みー　よー
　　いつ　むー　なな　やわ　この　とう

十四　かごめ　かごめ

かごめ　かごめ
かごの　なかの　とりわ
いつ　いつ　でやる
よあけの(つきよの)　ばんに
つると　かめと　すべった
あたまが　かいかい　すっぽんぽん
おみみが　かいかい　すっぽんぽん　(最後のポンでじゃんけんをする)

「あたまがかいかい」で、両手で頭をかき、「おみみがかいかい」で、両手で耳をかく。

十五　だるまさん

だるまさん　だるまさん
ねめっこうよ　しましょ
わらうと　ぬかす
あっぷっぷ(いち　にの　さん)

ねめっこ＝にらめっこ

十六　はねつき歌

ひとご　ふたご
みわたす　よめご

よめごの　けつに
おできが　できて
ここの　やで　いっかんしょ

羽子つきは歌いながら、ひとりでも何人でもやった。ひとりだとハネツキ、ふたりはオイバネ、３人以上はワタシバネといった。

ひとり　きな　ふたり　きな
みて　きて　よって　きて
いつ　きて　むても
ななこの　おびお
やのじに　しめて
ここの　やで　いっかんしょ

ななこのおび＝魚子織の帯。平織り。織目が方形で魚卵のように見える。

十七　あそび歌

ひとつ　がーらがら
　ふたつ　ふようのき
みっつ　みかんのき
　よっつ　よろずのき
いつつ　いちょーのき
むっつ　むくれんぎ（羽根つきの羽根にする実のなる木？　モクゲンジか？）
ななつ　なんてんぎ
　やっつ　やえざくら
　　ここのつ　こんめのき（小梅の木）
とーで　とのさま　もしとつ　おまけに　かーらがら

ふたつ　ふようのき・・・・

以下、くりかえす。ただくりかえし歌ってあそんだ。

ひとつ　ひとびとにゃ　おひとの　おかをが　たよるね
あららん　こららん　(以下、おなじ)
ふたつ　ふなのりゃ　どかいに(どかじに)　たよるね
みっつ　みそやさんわ　おみそに　たよるね
よっつ　よしわらしゅーわ　おきゃくさんに　たよるね
いつつ　いしゃさま　くすりばこに　たよるね
むっつ　むぎめしゃ　とろろに　たよるね
ななつ　なんぎりぼしゃ　まないたに　たよるね
やっつ　やおやさんわ　てんびんぼーに　たよるね

ここのつ　こどもしゅーわ　ごりんせんに　たよるね
とーで　とのさま　おーぎに　おんまに　たよるね

ただ歌ってあそんだ。どかい＝櫓櫂　どかじ＝櫓舵　ナンギリボシ‥‥野菜、魚などをかたく干し固めたもの。

十八　せっせっせ

おつる　なみだを　たもとで　ふきましょー　ふきましょー
ふいた　たもとを　たらいで　あらいましょー　あらいましょ
あらった　たもとわ　おさをに　かけましょー　かけましょー
かけた　たもとわ　たんすに　しまいましょー　しまいましょ
しまった　たもとを　ねずみに　かじられた　かじられた

動作がおもしろい。

こーやの　ばんどーさんわ　かねかと　おもって
ひろって　ひらいて　みたれば　こいしで　ござる
えっさっさ
はな　さきや　めを　ふく
はな　さきや　きに　なる
はな　さきや　ひらいた
えっさっさ　（ここでじゃんけん。「おつよおちゃだせ」の節で）

せっせっせ
いちわも　しんじょー
わしゃ　いしゃ　いらねど
びょーきならこそ　いしゃ　よんで　まいります

わしゃ　いしゃ　いらぬど

ちゃんころ　ちゃんど　かんまいた

に(ー)わも　しんじょー

わしゃ　にわ　はかねど

じょちゅーならこそ　にわ　はいて　まいります

わしゃ　にわ　はかねど

ちゃんころ　ちゃんど　かんまいた

さんわも　しんじょー

わしゃ　しゃみゃ　ひかねど

げいしゃならこそ　しゃみ　ひーて　まいります

わしゃ　しゃみゃ　ひかねど

ちゃんころ　ちゃんど　かんまいた

し(ー)わも　しんじょー
わしゃ　しわ　よらねど
としよりならこそ　しわ　よって　まいります
わしゃ　しわ　よらねど
ちゃんころ　ちゃんと　かんまいた
ご(ー)わも　しんじょー
わしゃ　ごわ　うたねど
ばくちならこそ　ごお　うって　まいります
わしゃ　ごわ　うたねど
ちゃんころ　ちゃんと　かんまいた
ろくわも　しんじょー
わしゃ　ろわ　こがねど

りょーしゅならこそ　ろを　こいで　まいります
わしゃ　ろわ　こがねど
ちゃんころ　ちゃんと　かんまいた
しちわも　しんじょー
わしゃ　しちゃ　いらねど
しちゃならこそ　しち　もって　まいります
わしゃ　しちゃ　いらねど
ちゃんころ　ちゃんと　かんまいた
はちわも　しんじょー
わしゃ　はちゃ　いらねど
めしやならこそ　はち　もって　まいります
わしゃ　はちゃ　もたねど

ちゃんころ　ちゃんと　かんまいた
く(ー)わも　しんじょー
わしゃ　くわ　もたねど
ひゃくしょーならこそ　くわ　もって　まいります
わしゃ　くわ　もたねど
ちゃんころ　ちゃんと　かんまいた
じゅーわも　しんじょー
わしゃ　じゅーわ　もたねど
へーたいならこそ　じゅーを　もって　まいります
わしゃ　じゅーわ　もたねど
ちゃんころ　ちゃんと　かんまいた

むかしの年寄りが遊びながら教えてくれた。東京の芸者がよく三味線でひいているという。

せっせっせ
おさよ　さしさせ
　すいしょーの　おくしをね　おくしをね
だれに　もろたか
げんじろおとこに　もろたかね　もろたかね
げんじろおとこわ
　しゃれしゃで　こまるね　こまるね
そこで　おさよわ
　なみだを　ほろほろ　ほろほろ

奥山熊雄の

八丈島古謡

著　者　金田章宏（KANEDA Akihiro）（千葉大学教授・文学博士）
メール・アドレス　akane@faculty.chiba-u.jp
発　行　2004年8月7日立秋
発売元　笠間書院　101-0064 東京都千代田区猿楽町2-2-5
Kasamashoin　Tel 03-3295-1331　Fax 03-3294-0996
ISBN4-305-60210-5 C0092
定　価　本体1,857円（税込1,950円）
印　刷　正文社　千葉市中央区都町1-10-6

本書は『奥山熊雄の 八丈島のうたと太鼓』（1999）を改題し増補改訂したものである。本書に収録した民謡等のＣＤは本年秋に笠間書院から刊行予定。
関連書籍に『八丈方言動詞の基礎研究』（第30回 金田一京助博士記念賞受賞 笠間書院 2001）、『八丈方言のいきたことば』（笠間書院 2002）がある。

挿絵と扉絵　八丈町中之郷 福田 実氏 画